hänssler

Ulrich Parzany

Ein Gott
für alle

3. Auflage 2007
Hänssler-Paperback
Bestell-Nr. 394.687
ISBN 978-3-7751-4687-6

© Copyright 2007 by Hänssler Verlag, D-71087 Holzgerlingen
Internet: www.haenssler.de
E-Mail: info@haenssler.de
Umschlaggestaltung: Jens Vogelsang, Aachen
Titelbild: Agentur FOTOSEARCH
Satz: typoscript GmbH, Kirchentellinsfurt
Druck und Bindung: Ebner & Spiegel, Ulm
Printed in Germany

Sofern nicht anders angegeben, sind die Bibelstellen zitiert nach der Lutherbibel, revidierter Text 1984, durchgesehene Auflage in neuer Rechtschreibung, © 1999 Deutsche Bibelgesellschaft, Stuttgart.

An einer Stelle wird abweichend zitiert nach: Die Gute Nachricht Bibel, durchgesehene Fassung in neuer Rechtschreibung, © 1997 Deutsche Bibelgesellschaft, Stuttgart. Dies wird durch die Abkürzung GN hinter der Bibelstelle gekennzeichnet.

Inhalt

Vorwort

Dieses Buch ist über 40 Jahre hin gewachsen. 1964/65 war ich ein Jahr lang als Vikar der deutschen evangelischen Gemeinde in Jerusalem tätig. Ich arbeitete den größeren Teil der Zeit im Internat des Gymnasiums der arabischen lutherischen Kirche von Jordanien. Damals gehörten die Altstadt von Jerusalem und die Westbank zum Königreich Jordanien. Ich beschäftigte mich mit dem Islam und schrieb nach meiner Rückkehr nach Deutschland ein Büchlein über Jesus im Koran und in der Bibel, das überarbeitet in dieses Buch eingeflossen ist.

Ende der 60er-Jahre war der Islam in Europa kein großes, öffentliches Thema. Das änderte sich mit der Ölkrise in den 70ern und mit der iranischen Revolution. Der Aufbruch des islamischen Fundamentalismus und der sich auf den Islam berufende Terror rückten das Thema ins Bewusstsein der Weltöffentlichkeit. Nach dem 11. September 2001 breitete sich Angst aus. Die Bezeichnung „Fundamentalisten" wurde zur Keule für alle, die religiöse Gewissheiten verkündeten.

Hinduistische und buddhistische Religiosität hat ebenfalls seit den 60er-Jahren den Westen überschwemmt und den durch den Rationalismus ausgehungerten Zeitgenossen faszinierende Angebote gemacht. Die Grundsätze dieser Religionen bestimmen weithin auch die esoterischen Angebote.

Medienberichte, Einwanderung und Urlaubs- und Geschäftsreisen haben die Religionen auf Tuchfühlung miteinander gebracht. Leider kann man aber nicht davon ausgehen, dass die Kenntnis der Religionen bei der Mehrheit der Menschen gewachsen ist. Einerseits führt Unkenntnis zu oberflächlichen Urteilen nach der Art: „Irgendwie glauben wahrscheinlich doch alle an dasselbe." Andererseits verursacht Unkenntnis auch Unsicherheit. Unsicherheit schürt Ängste. Ängste schlagen nicht selten in Aggression um. Genauere Kenntnisse helfen uns also in jedem Fall weiter.

In der Auseinandersetzung mit anderen Religionen fühle ich mich zu einer gründlicheren Wahrnehmung der Botschaft der Bibel herausgefordert. Das ist sehr gewinnbringend! So sind einige Teile dieses Buches seit 40 Jahren gewachsen, andere erst durch Impulse in den letzten Wochen entstanden. Der Glaube an Gott ist die sehr persönliche Angelegenheit jedes Einzelnen. Zugleich hat er Auswirkungen auf die Menschen und Verhältnisse um uns herum. Das kann sich in kritischen Konfrontationen, aber auch in konstruktiver Mitgestaltung des gemeinsamen Lebens zeigen. Insofern ist der Glaube an Gott wahrhaftig nicht nur Privatsache.

Ulrich Parzany   Kassel, im März 2007

„Wir sitzen alle in einem Gott."

Dieser Satz stand als Überschrift groß über einem eher spöttischen Artikel in der Frankfurter Allgemeinen Zeitung.[1] Thema war ein Lied von Herbert Grönemeyer: „Stück vom Himmel". Die Klage über den politischen Missbrauch der Religion ist reif für eine erfolgreiche Vermarktung als Popsong! Die Empörung über die fanatischen religiösen Rechthaber ist gesellschaftliches Allgemeingut. Hier ein paar Kostproben: *„Welche Armee ist heilig – Du glaubst nicht besser als ich – Die Bibel ist nicht zum Einigeln"; „Legionen von Kreuzrittern – Haben sich blindwütig verrannt"; „Ein Stück vom Himmel – Ein Platz von Gott – Ein Stuhl im Orbit – Wir sitzen alle in einem Boot – Hier ist dein Heim – Dies ist dein Ziel".*

Das Boot ist die Erde, das ist unser Zuhause und unser Ziel. Sonst nichts. Aber das ist natürlich nicht brutal materialistisch gemeint, sondern eher naturreligiös verbrämt: *„Die Erde ist freundlich – Warum wir eigentlich nicht – Sie ist freundlich – Warum wir eigentlich nicht".* Dass ein Tsunami im Dezember 2004 unfreundlicherweise etwa 260 000 Menschenleben forderte und die Natur auch sonst einige Brutalitäten zu bieten hat, die nicht unmittelbar von Menschen verursacht sind, verunsichert den Sänger nicht.

„Religionen sind zu schonen – Sie sind für die Moral gemacht – Da ist nicht eine hehre Lehre – Kein Gott hat klüger gedacht – Ist im Vorteil, im Vorteil."

Religion boomt heute. Allerdings redet man hier lieber von Spiritualität. Irgendwie haben viele die Schnauze voll von Raffen, Kaufen, Geizen, Verschwenden. Die alte Hoffnung ist, dass die Religion dafür sorgt, dass die Menschen sich etwas besser benehmen. Leider hat sich diese Hoffnung oft nicht erfüllt. Aber wenn schon Religion, dann soll sie für eine bessere Moral sorgen. Daran ist ihre Nützlich-

---

1 Richard Kämmerling, „Wir sitzen alle in einem Gott", in: FAZ vom 19.1.2007, Feuilleton, S.33.

keit zu messen. Der Dichter Lessing grüßt den Sänger Grönemeyer. Aber dazu kommen wir noch. Jedenfalls sollen die Religionen nicht den Streit schüren, sondern zum Frieden führen.

„Wer nichts beweist, – Der beweist schon verdammt viel. " Wo Herbert Grönemeyer Recht hat, da hat er recht. Auf die Frage nach dem Beweis darf man nicht verzichten. Sicherheit ist uns sehr wichtig. Trotz aller Bemühungen um Sicherheit leiden Millionen an Ängsten und wissen gar nicht so richtig, wovor. „Diffuse Angst" nennt man das. Und nach dem 11. September 2001 ist sie wie eine Epidemie in Westeuropa und Nordamerika ausgebrochen. Sicherheit ist begehrt. Dazu passt es nicht gut, dass wir gerade bei den Grundfragen des Lebens alles im Nebel lassen. Kann man Gott beweisen? Kann man wissen, ob Gott wirklich existiert? Kann man sich auf ihn verlassen – im Leben und im Sterben? Wir tun gut daran, nach den Beweisen zu fragen.

Glauben wir alle an einen Gott?

Je weniger sich jemand mit den Religionen beschäftigt hat, desto leichter geht ihm offensichtlich der Satz über die Lippen: „Alle glauben doch irgendwie an denselben Gott." Aber wie steht es mit den Atheisten, Materialisten und Agnostikern, die erklärtermaßen an keinen Gott glauben? Auch die Buddhisten sind davon überzeugt, dass es keinen Gott im Sinne einer letzten Instanz gibt. Und in den hinduistischen Religionen gibt es 300 Millionen Götter, die alle vergänglich sind, wenn auch in großen Zeiträumen.

Welchen Sinn macht es, angesichts dieser unvereinbaren Gegensätze zu behaupten, dass wir doch letzten Endes alle irgendwie an einen und denselben Gott glauben? Wie klein muss der gemeinsame Nenner sein, damit alle zustimmen können? Oder wie weit muss der zusammenfassende Begriff sein?

Der katholische Theologe Hans Küng betreibt seit Jahren den Dialog der Religionen mit dem Ziel, den Frieden der Religionen als Voraussetzung für den Weltfrieden zu suchen und zu schaffen. In einem

Dialogbuch zum Thema Buddhismus und Christentum, das er gemeinsam mit Heinz Bechert, Professor für Indologie und Buddhismus, schrieb, beantwortet er die Frage „Was ist Religion?" folgendermaßen: „Immer geht es in der Religion um eine erlebnishafte *‚Begegnung mit dem Heiligen'*... – mag diese ‚heilige Wirklichkeit' nun als Macht, als Mächte (Geister, Dämonen, Engel), als (personaler) Gott, (apersonales) Göttliches oder irgendeine letzte Wirklichkeit (Nirwana) verstanden werden. ‚Religion' lässt sich deshalb für die Zwecke dieses Dialogunternehmens wie folgt umschreiben: Religion ist die *in einer Tradition und Gemeinschaft sich lebendig vollziehende* (in Lehre, Ethos und meist auch Ritus) *sozial-individuell realisierte Beziehung zu etwas, was den Menschen und seine Welt übersteigt oder umgreift:* zu einer wie immer sich verstehenden allerletzten wahren Wirklichkeit (das Absolute, Gott, Nirwana). Im Unterschied zur Philosophie geht es in der Religion um *Heilsbotschaft* und *Heilsweg* zugleich."[2]

Man mag sich zum Zwecke des Gesprächs durchaus auf eine solche breite, alles umfassende Begriffsbestimmung verständigen. Die Frage, was und wer denn die „allerletzte wahre Wirklichkeit" ist, muss man natürlich stellen. Und auch die Frage, ob unterschiedliche oder gar gegensätzliche Beschreibungen dieser „allerletzten wahren Wirklichkeit" nur Ausdruck persönlicher Meinungen und Sichtweisen sind oder ob diese „allerletzte wahre Wirklichkeit" allen Menschen gemeinsam und verbindlich vorgegeben ist – egal, was sie denken und glauben. Und wenn es um „Heilswege" geht, muss man fragen, wo sie denn hinführen. Was ist denn das Heil, zu dem ich unterwegs bin oder sein soll? Ist das Ziel, dass es mich gar nicht mehr gibt, weil ich mich in einem größeren Irgendwas aufgelöst habe? Bin ich am Ende irgendwie von Bedeutung oder nicht? Egal, was man bevorzugt, ich sollte wissen, was sein wird. Falls es möglich ist, dass ich es wissen kann. Wenn nicht, dann muss man sich eben mit der Unwissenheit zufriedengeben oder wenigstens abfinden.

---

2 Hans Küng, Heinz Bechert, Christentum und Weltreligionen, III Buddhismus, 2. Auflage, München 1990, S. 13.

Religion ist Privatsache

In unserer Zeit ist es zur Selbstverständlichkeit geworden, dass wir alle unsere private Meinung zur Religion haben können. Jedenfalls war das selbstverständlich, bis mitten in Europa Muslime deutlich machten, dass Religion keine Privatsache, sondern auch oder sogar zuerst eine öffentliche, politische Angelegenheit ist.

Eine solche öffentliche und politische Angelegenheit war das Christentum über Jahrhunderte in Europa ebenfalls. Seit der römische Kaiser Konstantin das Christentum zur Staatsreligion erklärte, wurde es von den Regierungen den Untertanen verordnet. Wenn Könige und Fürsten den christlichen Glauben annahmen, war damit die Sache für alle ihre Untertanen ebenfalls entschieden.

Auch nach der Reformation im 16. Jahrhundert änderte sich daran im Grunde nichts. Jetzt gab es zwar Katholiken und Protestanten. Aber es ging nach dem Grundsatz „cuius regio eius religio" – wer die Herrschaft hatte, bestimmte die Religion. Das änderte sich mit der Säkularisierung und der folgenden Trennung von Staat und Kirche.

Säkularisierung heißt wörtlich übersetzt „Verweltlichung". Die Säkularisierung war Anfang des 19. Jahrhunderts zunächst ein politischer Prozess. Vielen Klöstern und Bistümern wurden die Ländereien weggenommen und weltlichen Herrschern gegeben. Es dauerte noch ein weiteres Jahrhundert – bis zum Ende des Ersten Weltkrieges –, bis in Deutschland die Trennung von Staat und Kirche offiziell vollzogen wurde. Im Zuge der Säkularisierung erhielt der Grundsatz „Religion ist Privatsache" wachsende Geltung. Nicht mehr die Regierung hatte zu befinden, was die Menschen glauben sollten. Jeder bekam das Recht, selbst darüber zu entscheiden.

Das war ein unschätzbarer Gewinn – nicht nur für die einzelnen Menschen, sondern auch für das Evangelium. Das Evangelium von Jesus Christus verträgt keinen Zwang. Wenn es trotzdem mit Zwang durchgesetzt wird, verliert es an Glaubwürdigkeit. Die bitteren Folgen von jahrhundertelangem staatlichem Zwang in Glaubensangelegenheiten haben in Europa einen schweren Schaden hinterlassen. Die

Abwendung der Arbeitermassen von der Kirche im 19. Jahrhundert hing auch damit zusammen, dass die Kirchen mit den Herrschenden zu eng verbunden waren.

Bemerkenswert ist, dass mit dem Beginn der Säkularisierung auch neue Aufbrüche in der Christenheit einhergingen. Jetzt begannen engagierte Christen, die Bibel zu verbreiten und das Evangelium in neuen Formen auch außerhalb der Kirchenmauern und nicht nur in traditionellen Formen zu verkündigen. Es entstanden Vereinigungen, die sich um junge Menschen kümmerten, ihre sozialen Nöte anpackten und ihnen Lebensorientierung durch die Botschaft der Bibel vermittelten.

Man muss Säkularisierung und Säkularismus unterscheiden. Säkularisierung ist der eben beschriebene Prozess, der durchaus auch zu einer Befreiung des christlichen Glaubens aus der Gefangenschaft durch staatliche Bevormundung und Zwang führte. Säkularismus ist eine aggressive Weltanschauung, die Gott und jede Art von Glauben an ihn aus dem gesellschaftlichen Leben ausrotten will. Der Säkularismus hat den Prozess der Säkularisierung stark beeinflusst. So ist Säkularisierung für viele Menschen auch ein innerer Prozess der Entfremdung vom christlichen Glauben geworden.

Glaube ist Privatsache. Das verstehen heute die meisten nicht mehr auf dem Hintergrund der politischen Befreiung, sondern sie verstehen es in dem Sinne, dass es niemanden etwas angeht, was man persönlich glaubt. Glaube wird eine private innerliche Angelegenheit. Das hängt auch damit zusammen, dass seit 200 Jahren Religion vor allem als Gefühl verstanden wird. Damals hatte die Kritik an der Religion die naturwissenschaftlichen und historischen Grundlagen des herkömmlichen Glaubens infrage gestellt. Donner und Blitz wurden nicht mehr von Gott hergeleitet, sondern physikalisch erklärt. Die Berichte der Bibel wurden durch radikale historische Kritik infrage gestellt. Da bot sich das Gefühl als geeigneter Rückzugsraum an.

Der Theologe Friedrich Schleiermacher beschrieb in seinen „Reden über die Religion – An die Gebildeten unter ihren Verächtern" 1799 den Glauben „als Gefühl der schlechthinnigen Abhängigkeit und

Anschauung des Universums". Seitdem sind zwei Jahrhunderte vergangen. Zu Beginn des 21. Jahrhunderts scheint der Glaube sich vollends in Gefühl aufzulösen. So schön Gefühle sind, sie sind nicht stabil, nicht von Dauer und Argumenten kaum zugänglich. Wo Glaube vor allem Gefühl wird, ist die Entwicklung zur Religion als „Opium des Volkes" (Karl Marx) nicht weit. Gut ist, wenn man sich gut fühlt. So wird man leicht verführbar.

Wenn ich mich nämlich unbequemen, kritischen Worten und Gedanken aussetzen muss, fühle ich mich gar nicht gut. Schöner ist, wenn man alle gefühlsselig umarmen kann: Wir glauben doch im Grunde alle dasselbe – wenn wir nicht so genau hinsehen. Aber wenn wir nicht genau hinsehen, stolpern wir über alles Mögliche, auch über unsere eigenen Beine und schließlich über die „heilige Wirklichkeit" Gottes.

Postmoderne – und dann?

Man hört, die Postmoderne sei vorbei. Wenn das stimmt, ging das schnell. Dann dauerte sie nur etwa 25 bis 30 Jahre. Manche sind allerdings noch gar nicht in der Postmoderne angekommen. Die verschiedenen, auch gegensätzlichen Lebenseinstellungen überlappen sich.

Man sagt, dass die Moderne vor allem dadurch gekennzeichnet gewesen sei, dass es nicht mehr nur eine anerkannte, offiziell gültige Wahrheit gab – wie im Mittelalter. Man stritt um die Wahrheit. Zum Beispiel: Gibt es Gott oder nicht? Aber man stritt, weil man überzeugt war, es müsse eine für alle verbindliche Wahrheit geben.

In der postmodernen Zeit konnten sich die Menschen über diesen Streit um die Wahrheit nicht mehr aufregen. Jeder hat seine persönliche Wahrheit. Es gibt keine für alle verbindliche Wahrheit und wir brauchen auch keine. Das war und ist die Überzeugung, die wie ein Klima über Europa liegt. Alles ist gleich gültig. Klar, dass damit auch alles gleichgültig wird.

Nur irgendwie geht die Rechnung nicht auf. Wenn alles relativiert werden muss, wenn es also keine für alle verbindliche Wahrheit gibt, dann gilt das ja auch für den Satz „Es gibt keine für alle verbindliche Wahrheit". Den muss man dann ja auch infrage stellen, ob er stimmt, und dann nach der Wahrheit fragen. Das ist doch folgerichtig, oder?

Ärgerlich. Vielleicht erklärt sich damit, warum die postmoderne Gesellschaft trotz ihrer Grundsätze ziemlich intolerant gegenüber denen reagiert, die behaupten, sie verträten eine für alle gültige Wahrheit. Dann hört der Spaß nämlich auf. Wer so was sagt, der ist ein Fundamentalist und hat nur Hass und Häme verdient, aber keine Toleranz. Auch keine sachliche, faire Berichterstattung in sonst so kritischen Feuilletons und Fernsehsendungen.

Die Herausforderung annehmen?

Ich genieße die Freiheit. Und das meine ich durchaus in dem Sinn, wie die Kommunistin Rosa Luxemburg (1871–1919) es formuliert hat: „Freiheit ist immer die Freiheit der Andersdenkenden." So wie ich dafür eintrete, dass Menschen ihre Meinungen frei und öffentlich vertreten können, so möchte ich auch selber meine Meinung frei und öffentlich sagen. Ich kann es aushalten, dass andere ihre Meinungen vertreten, denen ich nicht zustimme. Ich will aber auch sagen können, dass ich nicht zustimme.

Ich bin oft genug in meinem Leben in Ländern gewesen, in denen es diese Freiheit nicht gab. Darum bin ich sehr dankbar, dass wir diese Freiheit in Deutschland haben und gewähren, wie sie in wenigen Ländern der Welt gewährt wird. Aber Freiheiten, die man nicht in Anspruch nimmt, kann man schnell verlieren.

Artikel 18 der Allgemeinen Erklärung der Menschenrechte der UNO lautet: „Jeder hat das Recht auf Gedanken-, Gewissens- und Religionsfreiheit; dieses Recht schließt die Freiheit ein, seine Religion oder seine Weltanschauung zu wechseln, sowie die Freiheit, seine Religion oder seine Weltanschauung allein oder in Gemeinschaft mit anderen, öffentlich oder privat durch Lehre, Ausübung, Gottesdienst und Kulthandlungen zu bekennen."

Die Religionsfreiheit ist keine Selbstverständlichkeit. Es gibt sie in Deutschland, wenn man die Geschichte betrachtet, noch nicht allzu lange. Leider muss man feststellen, dass wir nicht einmal in unserem Land einem Muslim, der vom Islam zum christlichen Glauben wechselt, die Sicherheit seines Lebens garantieren können. Das Gesetz schützt ihn zwar, aber wird die Polizei ihn auch schützen können gegen die zu befürchtende Gewalt gegen den Abtrünnigen, die möglicherweise aus seiner Familie kommt?

Abgesehen von Muslimen können Menschen, die in Deutschland leben, ohne jedes wirkliche Risiko ihren Glauben bekennen und wechseln. Es lässt sich allerdings eine gewisse Wehleidigkeit nicht übersehen. Manche Zeitgenossen sehen schon unzumutbaren Druck darin, dass sie ironisch oder höhnisch wegen ihres Glaubens angemacht werden. Da möchte man sagen: „Stellt euch nicht so an!" Zur Freiheit gehört auch der aufrechte Gang.

Im Neuen Testament gibt es eine hochinteressante Passage. Das Römische Reich war bekanntlich keine Demokratie in unserem Sinne. Die Römer haben sich zwar viel auf ihr Rechtswesen eingebildet, aber Menschenrechte in unserem Sinn waren ihnen fremd. Das hat der Apostel Paulus, obwohl römischer Bürger, am eigenen Leibe erfahren. Die Lage änderte sich von Kaiser zu Kaiser. Außerdem war das Reich groß und Rom für viele kleine Tyrannen weit weg. Auf diesem Hintergrund ist eine Aufforderung interessant, die Paulus an seinen Mitarbeiter Timotheus schreibt:

„Das Erste und Wichtigste, wozu ich die Gemeinde aufrufe, ist das Gebet, und zwar für alle Menschen. Bringt Bitten und Fürbitten und Dank für sie alle vor Gott! Betet für die Regierenden und für alle, die Gewalt haben, damit wir in Ruhe und Frieden leben können, in Ehrfurcht vor Gott und in Rechtschaffenheit. So ist es gut und gefällt Gott, unserem Retter. Er will, dass alle Menschen zur Erkenntnis der Wahrheit kommen und gerettet werden. Denn dies ist ja unser Bekenntnis: Einer ist Gott, und einer ist der Vermittler zwischen Gott und den Menschen: der Mensch Jesus Christus. Er gab sein Leben, um die ganze Menschheit von ihrer Schuld loszukaufen. Das gilt es zu bezeugen in dieser von Gott vorherbestimmten Zeit." (1.Timotheus 2,1–6; GN)

Ja, ein Gott für alle! Der Zugang zu ihm geschieht durch den einen Vermittler Jesus Christus. Aber durch ihn ist wirklich für alle Menschen der Zugang geschaffen. Niemand muss ohne Gemeinschaft mit dem einen und einzigen Gott leben. Das muss von Zeugen allen Menschen bekannt gemacht werden. Es geht um Rettung, das heißt, es geht um Tod und Leben. Gott trägt den Ehrennamen „unser Retter", weil er uns durch Jesus Christus das Leben rettet. Es geht also nicht um religiöse Verzierung unseres Lebens. Es geht um Rettung des Lebens. Es geht um Wahrheit, die für alle Menschen gilt. Das schließt ein, dass wir ohne die Vermittlung durch Jesus verloren sind.

Genug der Provokation? Darüber müssen wir jetzt weiter nachdenken.

1. Teil Jesus Christus – Gott für alle

Die Person Jesus wird eigentlich allseits hochgeschätzt. Sicher, in Geschichte und Gegenwart des Christentums gibt es manches sehr dunkle Kapitel. Es ist wie mit den großen Flüssen: Je weiter sie sich von ihrer Quelle entfernen, desto mehr schmutzige Zuflüsse trüben das Wasser. Nach einigen Hundert Kilometern führt der Fluss eine trübe, giftige Brühe, die ungenießbar ist. Aber an der Quelle ist das Wasser klar und erfrischend gesund. Über das Verhältnis zwischen Christentum und Christus werden wir noch nachzudenken haben. Wie aber steht es mit der Quelle, mit Jesus Christus selbst?

Wir lesen im Neuen Testament, dass Jesus gesagt hat: „Ich bin der Weg und die Wahrheit und das Leben; niemand kommt zum Vater außer durch mich" (Johannes 14,6; Übersetzung des Autors). Peinlich! Sollte er wirklich einen solchen anmaßenden, andere Wege ausschließenden Anspruch erhoben haben?

Fanatismus oder gemeinsame Feuerwehr?

Ein Satz, der einen solchen Ausschließlichkeitsanspruch ausdrückt, steht im Verdacht, den Fanatismus zu nähren. Wie war das denn in der Geschichte des Christentums? Als das Christentum durch den Kaiser Konstantin im 4. Jahrhundert als Staatsreligion des Römischen Reiches anerkannt wurde, begann die etablierte Kirche bald, heidnische Religionen gewaltsam zu verfolgen.

In den ersten drei Jahrhunderten waren die Christen eine meist verfolgte Minderheit. Allerdings war diese Minderheit sehr dynamisch. Niemand verdächtigte sie der korrupten Nähe zu den Machthabern. Die Christen waren üblen Verleumdungen ausgesetzt. Aber sie waren auch durch Gewalt nicht von ihrem Glauben abzubringen. Im Gegenteil. Der christliche Schriftsteller Tertullian hat schon im 3. Jahrhundert geschrieben: „Sanguis martyrum est semen Christianorum." Übersetzt: Das Blut der Märtyrer ist der Samen der Christen. Das ist eine Wahrheit, die im 20. und 21. Jahrhundert in China betrachtet werden kann. Wahrscheinlich hat nie eine Regierung radikaler versucht, die Christen auszurotten, als die chinesische es nach der Mitte des 20. Jahrhunderts getan hat. Auch heute stehen die Christen, soweit sie sich nicht den staatlichen Vorgaben beugen, unter schwerem Druck. Dauernd werden von beobachtenden Organisationen schlimme gewalttätige Übergriffe der örtlichen und regionalen Machthaber gemeldet. Nirgendwo in der Welt aber wächst die christliche Kirche mit solcher Dynamik wie in China.

Verfolgung hat die christliche Kirche nicht aufhalten können. Verführung wohl. Das kann man in Europa sehen. Eine von Privilegien des Staates und Wohlwollen der Gesellschaft verhätschelte Kirche schließt jede Menge faule Kompromisse und verschweigt freiwillig – sozusagen in vorauseilendem Gehorsam – die unbequeme Wahrheit der Botschaft von dem gekreuzigten, auferstandenen und wiederkommenden Christus. Sie bietet Dienstleistungen für jedermann, ruft aber nicht zur Bekehrung von den Götzen zum lebendigen Gott, sondern passt die Gebote Gottes dem Trend der Gesellschaft an. Und wird schwächer und schwächer ...

Wie gesagt erklärte der römische Kaiser Konstantin im 4. Jahrhundert das Christentum zur Staatsreligion. Jetzt saßen Christen an den Hebeln der Macht. Die Versuchung war groß, sich ihrer zu bedienen. Im Mittelalter herrschte schließlich die Überzeugung, die Vernichtung von Gottesfeinden sei Aufgabe des Staates. „Bereits im Codex Justinianus war deren Tötung vorgesehen."[3] Die „Codex Justinianus" genannte Zusammenfassung des im Römischen Reich geltenden Rechts wurde durch den Kaiser Justinian veranlasst und erschien im Jahr 533 nach Christus. Auf dem Vierten Laterankonzil im Jahr 1215 wurde dann beschlossen, dass von der Kirche verurteilte Ketzer, die innerhalb eines Jahres ihre Lehren nicht widerrufen hatten, von der staatlichen Herrschaft entsprechend bestraft werden mussten.

---

3 Michael Pawlik, FAZ vom 22. 12. 2006, zitiert nach der Rezension von Arnold Angenendt, „Toleranz und Gewalt. Das Christentum zwischen Bibel und Schwert", München 2007.

Die christlichen Kreuzfahrer des Mittelalters töteten Tausende Muslime. In der europäischen Geschichte wurde die Zugehörigkeit zu einer christlichen Kirche den Leuten in einem Land durch den jeweiligen Herrscher aufgezwungen. Wer mit ihm nicht übereinstimmte, wurde nicht selten vertrieben. Ketzer wurden auf Scheiterhaufen verbrannt.

Wir sehen mit Entsetzen die Versuche islamischer Fundamentalisten, wo immer sie können, Staatsordnungen nach islamischem Gesetz (Scharia) zu schaffen und Andersgläubige gewaltsam zu bekämpfen.

Auch in unserer Zeit gibt es Leute, die so etwas wie eine christliche Herrschaft in ihrem Land errichten würden, wenn sie es könnten. In den USA gibt es eine kleine Gruppe von sogenannten Rekonstruktionisten („Reconstructionists"). Sie wollen die Demokratie abschaffen und eine Staatsordnung auf der Basis der absoluten Gesetze der Bibel schaffen. „Für die Radikalen unter ihnen müssten Homosexualität, Ehebruch und Blasphemie mit dem Tod durch Steinigen bestraft werden, kleinere Vergehen mit Sklaverei. Die Chancen, dass sich etwa in Georgia eine christliche Version der Scharia durchsetzt, sind gleichwohl null."[4] Dass so etwas unter Benutzung der Bibel überhaupt gedacht werden kann, ist erschreckend, auch wenn keine Verwirklichung droht.

Muss also nicht jeder Absolutheitsanspruch notwendigerweise zu einem menschenverachtenden totalitären System führen? Haben nicht die blutigen Auseinandersetzungen in vielen Teilen der Welt religiösen Hintergrund?

Dabei stehen wir doch in der heutigen Welt vor riesigen Problemen, die wir nur gemeinsam lösen können: Hunger, Armut, Hochrüstung, Ungerechtigkeit, Zerstörung der Natur. Der katholische Theologe Hans Küng hat die schon erwähnte These aufgestellt, dass der Friede zwischen den Religionen die Voraussetzung für den Weltfrieden sei. Das erscheint überzeugend. Angesichts eines gefährlichen Feuers

---

4 Susan Neiman, „Rechts und fromm", DIE ZEIT vom 07. 10. 2004, Nr. 42.

vergisst man hoffentlich alle Unterschiede und macht sich gemeinsam ans Feuerlöschen. Je größer die Probleme, desto größer muss auch die gemeinsame Feuerwehr sein. Niemand wird bezweifeln, dass die Probleme um Frieden, Gerechtigkeit und Bewahrung der Schöpfung heute riesengroß sind.

Folgerichtig gibt es weltweit Bemühungen, die trennenden Unterschiede zu verringern und die Gemeinsamkeiten stärker hervorzuheben. Da erschien es nahe liegend, dass die Christen weniger Jesus Christus als den einzigen Weg zu Gott betonen. Man versuchte und versucht, die Gemeinsamkeiten dadurch zu stärken, dass der Glaube an Gott oder das Göttliche, wie auch immer das in den verschiedenen Religionen gefüllt wird, stärker betont wurde bzw. wird als die Person und Bedeutung von Jesus Christus.

Allerdings entdeckte man schnell, dass bei dieser Koalition alle diejenigen ausgeschlossen sind, die überhaupt nicht an irgendeinen Gott glauben wollen. Auch der Glaube an einen Gott spaltet also schon zu sehr. Was lag näher, als die großen Überlebensfragen zum gemeinsamen Nenner zu machen? Alle sollen sich zusammenschließen, die sich um den Frieden, die Gerechtigkeit und die Bewahrung der Natur bemühen. Bewahrung der Schöpfung darf es dann schon nicht mehr heißen. Denn wer von Schöpfung redet, setzt ja einen Schöpfer voraus.

Muss nicht vor diesem Hintergrund der Ausschließlichkeitsanspruch von Jesus Christus als geradezu gemeingefährlich beurteilt werden? Oder ist etwa der steile Satz aus dem Johannesevangelium gar nicht auf Jesus selbst zurückzuführen, sondern die Erfindung eines zu Übertreibungen neigenden Anhängers?

Leben wie im Supermarkt

Die Zeit der Tante-Emma-Läden ist lange vorbei. Supermärkte bestimmen die Verbraucherwelt. Sie haben aber auch unsere Denkweise nachhaltig beeinflusst. Die ganze Welt ist wie ein riesiger Supermarkt. Endlose Regale mit vielfältigen Angeboten. Exotische Früchte. Delikatessen aus fernen Kontinenten.

Sonderangebote für den sparsamen Verbraucher. Exklusives und Teures für den luxuriösen Lebensstil. Und natürlich ist niemand gezwungen, das alles zu kaufen. Man wird auch nicht von aufdringlichen Verkäufern oder Verkäuferinnen belästigt. Gelegentlich wird die anregende Kaufhausmusik durch eine sympathisch werbende Stimme unterbrochen. Man kann sie natürlich auch überhören, wenn man möchte. Jeder kauft, was er mag oder was er bezahlen kann. Dem einen erscheint die Vielfalt der Angebote bezaubernd schön, dem anderen bedrückend – vor allem, wenn das Geld nicht ausreicht, sich all die Schönheiten zu leisten. Geschenkt bekommt man selten etwas, höchstens verkaufsfördernde Kostproben.

Im Bereich der Religion gibt es eine ähnlich große Auswahl. Längst sind die Zeiten vorbei, in denen gesellschaftliche Traditionen und starke Familienbande vorschrieben, was ein Mensch zu glauben und wie er zu leben hat.

In jeder Wahlperiode muss die Bundesregierung dem Bundestag einen so genannten Jugendbericht vorlegen. Ich entsinne mich, dass schon in dem 1990 erschienenen Jugendbericht von Experten die Situation junger Leute mit der Formel beschrieben wurde: „Pluralisierung der Lebenslagen und Individualisierung der Lebensführung". Die Lebenssituationen werden immer verschiedener und auch junge Leute können und müssen immer mehr selber entscheiden, wie sie ihr Leben gestalten, nach welchen Werten und für welche Ziele sie leben wollen. Diese Entwicklung hat sich im wiedervereinigten Deutschland verstärkt. Nicht nur junge Leute, alle Menschen in unserer Gesellschaft sind davon erfasst.

Es gibt eine stillschweigende Übereinkunft, dass jeder glauben kann, was er will. Niemand aber soll sich anmaßen, seine eigenen Glaubensüberzeugungen und Lebensvorstellungen für andere verbindlich zu machen. Wir bewerten diese Entwicklung durchaus als einen Fortschritt. Wer wünscht sich schon eine Situation, in der durch Regierungszwang oder gesellschaftlichen Druck Denk- und Lebensweisen verordnet werden?

Der Druck wird in dieser „Multioptionsgesellschaft", wie der Soziologe Prof. Peter Gross sie beschrieben hat[5], durch ganz andere Faktoren erzeugt. Die zunehmende Individualisierung erzeugt den Druck, dass jeder Einzelne für sich allein die Mammutaufgabe bewältigen muss, aus der unübersehbaren Fülle der Möglichkeiten auszuwählen. Aber wie soll er Wichtig und Unwichtig, Richtig und Falsch, Gut und Böse unterscheiden, wenn er keine verbindlichen Maßstäbe dafür hat? Die schiere Masse überfordert jeden. Die Maßstablosigkeit treibt in ein Mehr-Fieber ohne Grenzen.

Außerdem entsteht ein unerhörter Zeitdruck für die Menschen, die keine Ewigkeit mehr kennen. Auch darauf hat Peter Gross hingewiesen. Die Weltzeit schrumpft auf die Lebenszeit des Einzelnen. Er muss unter ungeheurem Zeitdruck mitnehmen, was er kriegen kann. Er arbeitet gegen die Zeit mit dem Rücken zur Wand des Todes, der endlich alle Wahlmöglichkeiten vernichtet. Das Motto des Lebens im Überfluss an gleich gültigen Wahlmöglichkeiten heißt: „Ich will alles, aber jetzt." Der Frust ist vorprogrammiert.

Übrigens, zum Supermarkt gehören natürlich unbedingt die Einkaufswagen. Die außerordentlich praktischen Fuhrwerke sehen alle gleich aus. Das heißt wiederum nicht, dass jeder Kunde auch den gleichen Inhalt in einem solchen Wagen befördern müsste. Im Gegenteil. Man schiebt mit dem Wagen los. In der Schlange an der Kasse trifft man sich mit allen anderen wieder, die jeweils ihren persönlich gewählten Inhalt im gleichen Modell transportieren.

So geht es uns in unserer Zeit mit den Begriffen. Wenn wir den Ausdruck „Gott" in den Mund nehmen, heißt das noch lange nicht, dass wir in diesem „Einkaufswagen" alle den gleichen Inhalt transportieren. Wir gebrauchen zwar die gleichen Buchstaben, jeder kann aber einen Inhalt in den Begriff hineinpacken, der ihm gefällt und den er für brauchbar hält.

---

5 Peter Gross, Die Multioptionsgesellschaft, Neue Folge Band 917, Frankfurt a. M. 1994.

Das macht die Verständigung nicht leichter. Wir erliegen immer wieder dem Missverständnis, dass gleich klingende Wörter auch gleiche Inhalte transportieren. Nichts ist falscher als das. „Wir glauben doch alle an Gott", sagt einer und meint, damit eine gemeinschaftliche Überzeugung feststellen zu können. Tatsache ist, dass viele das Wort „Gott" in den Mund nehmen, aber sehr unterschiedliche, vielleicht sogar gegensätzliche Inhalte mit diesem Ausdruck verbinden. Verständigung ist also nicht leichter geworden. Es besteht Erklärungsbedarf.

Zusammenleben in Freiheit

Wenn Menschen mit gegensätzlichen Überzeugungen zusammenleben, gibt es unweigerlich Konflikte. Die Staatsform der Demokratie ist der Versuch, das gemeinsame Leben so zu organisieren, dass Menschen mit unterschiedlichen Überzeugungen friedlich und gleichberechtigt miteinander leben können. Das Miteinander einschließlich der Auseinandersetzungen soll durch Rechtssetzung so geordnet werden, dass niemand in seinen Grundrechten beeinträchtigt wird. Die Anerkennung der Verschiedenheiten, ja Gegensätze, ist Voraussetzung für das Zusammenleben in der Demokratie. Das nennt man Pluralismus. Dieses Miteinander funktioniert nur, wenn es eine für alle verbindliche Grundlage gibt, die ausreichend breit und tragfähig ist und die von hinreichend vielen Menschen in der Gesellschaft mit Überzeugung bejaht wird. Man nennt das einen ethischen Grundkonsens.

In den Grundrechten des Grundgesetzes der Bundesrepublik Deutschland wird diese gemeinsame Basis beschrieben, von der man nur hoffen kann, dass sie von hinreichend vielen Bürgern dieses Landes bejaht wird. Ich erinnere an einige dieser Grundrechte, die in den ersten Artikeln des Grundgesetzes der Bundesrepublik Deutschland so beschrieben werden: „Die Würde des Menschen ist unantastbar. Sie zu achten und zu schützen ist Verpflichtung aller staatlichen Gewalt." – „Das deutsche Volk bekennt sich darum zu unverletzlichen und unveräußerlichen Menschenrechten als Grundlage jeder menschlichen Gemeinschaft, des Friedens und der Gerechtigkeit in der Welt." – „Jeder hat das Recht auf die freie Entfaltung seiner Persönlichkeit, soweit er nicht die Rechte anderer verletzt und nicht gegen die verfassungsmäßige Ordnung oder das Sittengesetz verstößt." – „Jeder hat das Recht auf Leben und körperliche Unversehrtheit. Die Freiheit der Person ist unverletzlich. In diese Rechte darf nur aufgrund eines Gesetzes eingegriffen werden." – „Alle Menschen sind vor dem Gesetz gleich. Männer und Frauen sind gleichberechtigt... Niemand darf wegen seines Geschlechtes, seiner Abstammung, seiner Rasse, seiner Sprache, seiner Heimat und Herkunft, seines Glaubens, seiner religiösen oder politischen Anschauungen benachteiligt oder bevorzugt werden. Niemand darf wegen seiner Behinderung benachteiligt werden." – „Die Freiheit des Glaubens, des Gewissens und die Freiheit des religiösen und weltanschaulichen Bekenntnisses sind unverletzlich. Die ungestörte Religionsausübung wird gewährleistet. Niemand darf gegen sein Gewissen zum Kriegsdienst mit der Waffe gezwungen werden..." – „Jeder hat das Recht, seine Meinung in Wort, Schrift und Bild frei zu äußern und zu verbreiten und sich aus allgemein zugänglichen Quellen ungehindert zu unterrichten. Die Pressefreiheit und die Freiheit der Berichterstattung durch Rundfunk und Film werden gewährleistet. Eine Zensur findet nicht statt..." – „Ehe und Familie stehen unter dem besonderen Schutze der staatlichen Ordnung..." Das sind noch nicht alle Grundrechte, die im Grundgesetz formuliert sind.

Damit ist offenkundig: Gerade in einer pluralistischen Demokratie sind wir darauf angewiesen, dass eine Mindestübereinstimmung in grundlegenden Werten vorhanden ist und gesichert wird. Wenn diese Grundübereinstimmung nicht mehr gegeben oder nicht mehr groß genug ist, wird das gesellschaftliche Leben zu einem mörderischen Dschungelkrieg.

Darum ist es für das Gelingen des Zusammenlebens in einer Demokratie einerseits wichtig, dass möglichst viele Bürger von der Gültigkeit und Notwendigkeit der Grundrechte überzeugt sind und in dieser Überzeugung gestärkt werden. Zum anderen muss auf dieser Grundlage die Bereitschaft zu Kompromissen bei der Suche nach Lösungen für die vielen, vielen Probleme des gemeinsamen Lebens gestärkt werden.

Warum erwähne ich das? Was hat das mit dem Glauben an Gott zu tun?

Muss nicht in einer pluralistischen Gesellschaft jeder religiöse Absolutheitsanspruch von vornherein als völlig unannehmbare Zumutung und als Bedrohung der Freiheit zurückgewiesen werden? Die Gewalttaten islamischer Fanatiker haben in den letzten Jahren die Furcht und Wachsamkeit in dieser Hinsicht geschürt. Sollen die Gebote Gottes – oder was auch immer man dafür hält – zu staatlichem Gesetz werden, das mit Zwang auch bei denen, die nicht an Gott glauben, durchgesetzt wird, dann ist das das Ende der Freiheit. Der Verdacht, dieses Ziel anzustreben, richtet sich heute gegen alle, die einen religiösen Absolutheitsanspruch vertreten. Auch gegen Christen. Sie werden als Fundamentalisten gebrandmarkt.

Und die kritischen Zeitgenossen verweisen dabei nicht zu Unrecht auf die Geschichte. In den letzten Jahrhunderten wurde in Europa häufig das Christentum mit staatlicher Gewalt und nicht selten mit Zwang durchgesetzt. Nicht ganz freiwillig haben Kirchen ihre Verbindung zur staatlichen Macht aufgegeben. Es hat zwar innerhalb der Kirchen in all den Jahrhunderten Stimmen gegeben, die sich für die Freiheit des Evangeliums gegen die babylonische Gefangenschaft der Kirchen erhoben haben. Sie haben oft genug mit ihrem Blut und Leben dafür bezahlt. Viele wurden vertrieben.

Warum also sollen die Kritiker des Christentums glauben, dass die Christen ihre Vorstellungen nicht wieder mit Zwang und Gewalt durchsetzen, wenn ihnen dazu die Möglichkeit gegeben wird? Deswegen sagen sie: Wehret den Anfängen! Wer eine für alle verbindliche Wahrheit verkündet, wird als Fundamentalist beschimpft. Fundamentalisten unterstellt man, dass sie fanatisch sind und sich der Gewalt bedienen.

Wir werden darauf zurückkommen, wenn wir über Toleranz und Feindesliebe nachdenken. Jetzt widme ich mich zunächst der biblischen Botschaft über den Gott für alle, der uns Menschen in Jesus Christus begegnet.

Ärger in Athen

Die Bibel berichtet uns vom ersten Aufenthalt des Missionars Paulus in Athen, in der Kulturmetropole Europas. Die Sache beginnt sehr unangenehm. Es heißt ausdrücklich: Paulus war zornig und wütend. Warum? Am unsicheren Flughafen von Athen kann es nicht gelegen haben. Den gab es noch nicht. Ärger mit verstopften Straßen und Vergiftungsgefahr durch Abgase waren es damals auch noch nicht. Was also könnte einen gebildeten Menschen in dieser attraktiven Stadt ärgern? Wir reisen heute dorthin, um die Ruinen aus antiker Zeit zu bewundern. Noch die Reste der herrlichen Bauten, die Paulus in ganz anderer Pracht und Schönheit erlebt hat, faszinieren uns.

Die Bibel berichtet, dass Paulus wütend wurde, „als er die Stadt voller Götzenbilder sah". Da fängt der Ärger mit der Intoleranz des christlichen Glaubens in Europa schon an. Ist Paulus ein Banause, der die kulturellen Schätze nicht würdigen kann? Ist er ein provinzieller Fanatiker, der die Größe und Schönheit griechischer Kultur und Religion nicht zu würdigen weiß? Ihm geht es offensichtlich um die Menschen und nicht um die Gegenstände.

Lebensschicksale entscheiden sich daran, worauf Menschen letzten Endes ihr Vertrauen setzen, was ihrem Leben Sinn und Ziel gibt, worin sie geborgen sind. Und von Götzen redet die Bibel immer dann, wenn Menschen ihr Vertrauen auf Geschaffenes anstatt auf den Schöpfer der Dinge richten. Wer sein Leben an das Vergängliche hängt, wird mit ihm vergehen. Wer sein Lebenshaus auf Zerbrechliches gründet, wird mit dem brüchigen Fundament zerbrechen.

Paulus war kein Zyniker, kein Menschenverächter. Er lebte nicht nach dem schnodderigen Grundsatz: „Jeder kann nach seiner eigenen Fasson vor die Hunde gehen." Nachdem er bei seiner Polizeiaktion zur Ausrottung der Christen in Damaskus dem auferstandenen Jesus Christus begegnet war und Gottes Liebe in diesem Jesus erfuhr, war er von einer leidenschaftlichen Sorge um die Menschen erfüllt. Keiner sollte vor die Hunde gehen.

Paulus hat einmal in einem seiner bedeutendsten Briefe geschrieben, dass er sich den Menschen gegenüber wie ein Schuldner der Liebe Gottes fühlt. In völliger Freiwilligkeit hat er sein Leben der Herrschaft von Jesus Christus unterstellt und ist seinem Auftrag zum Dienst an den Menschen gefolgt. Aber diese Freiwilligkeit ist für ihn keine Beliebigkeit. Er spürt eine innere Verpflichtung aus Liebe. Diese Liebe hat die Gleichgültigkeit den Menschen gegenüber vertrieben. Vom distanzierten Betrachter wird er zum engagierten Beteiligten am Leben anderer Menschen. Er ist angerührt worden – von dem lebendigen Gott, der nicht ein distanzierter Betrachter ist, sondern der sich in das notvolle Schicksal der Menschen hineinbegeben hat. Also mischt Paulus sich in Athen ein.

Er sucht zunächst das Versammlungshaus der jüdischen Gemeinde auf, die Synagoge. Er will aber nicht im religiösen Getto bleiben. Also treibt es ihn auf den berühmten Marktplatz von Athen, auf dem nicht nur Gemüse verkauft, sondern auch Weltanschauungen gehandelt wurden. Er trifft Vertreter verschiedener Philosophenschulen, der Epikureer und der Stoiker. Er diskutiert mit ihnen über die Grundfragen des Lebens und bringt den Namen des gekreuzigten und auferstandenen Jesus ins Gespräch.

Die Reaktion ist negativ. Er wird zum Gespött seiner Diskussionspartner. Sie beschimpfen ihn als „Körnerpicker". Das ist einer, der ohne Zusammenhang denkt und redet. So wie ein Huhn mal hier und mal da pickt, ohne eine gerade Linie hinzukriegen, so sehen sie den Paulus in seiner Argumentation. Griechische Intellektuelle sind es gewohnt, systematisch zu denken. Sie empfinden es als Witz, dass Paulus die Wahrheit in Gestalt einer begrenzten historischen Person verkündet. Die Wahrheit ist nach ihrem Denkschema eine allgemeine, über den Wechselfällen des Lebens stehende, alles zusammenfassende Wahrheit.

Die körperlichen Dinge gehören für sie auf die negative Seite – auf die Seite des Stoffes, der vergeht. Sie können auch nur spöttisch lachen, als Paulus anfängt, von der Auferstehung zu reden. Das halten sie nun für den letzten Witz. Ihnen geht es darum, dass das Gefängnis des Leibes überwunden, abgestreift wird, damit der Geist zur völligen Entfaltung, zur uneingeschränkten Erkenntnis der Wahrheit kommt. Dass es eine Auferstehung des Leibes, in welcher Form auch immer, geben soll, das halten sie für sinnlos. Das passt nicht in ihr Weltbild. Spöttisches Gekicher über den geistigen Kleingärtner, der sich auf den Diskussionsplatz Athen traut.

Es ist interessant zu beobachten, wie Paulus sich dieser Situation stellt. Er sucht den Dialog. Das war die Lebens- und Denkform der Griechen. Berühmt geworden ist sie durch Platons Lehrer Sokrates, der alle Gedanken in Dialogform entwickelte. Paulus kommt mit der Gewissheit, dass in Jesus der Schöpfer und Herr aller Welt sich offenbart. Diese Tatsache steht für ihn nicht im Gegensatz dazu, dass er das Gespräch mit Andersdenkenden sucht. Er riskiert es, missverstanden, ja sogar ausgelacht zu werden. Im weiteren Verlauf der Ereignisse in Athen beobachten wir, wie tief Paulus die Verkündigung der Botschaft von Jesus als Dialog, als Gespräch mit den Partnern versteht.

Die Sache in Athen ist mit den Witzeleien auf dem Marktplatz noch nicht zu Ende. Es wird berichtet, dass es in Athen eine spezifische Neugier gab. In Athen hatte man sozusagen das Ohr am Puls der Zeit. Hier tauchte alles Neue zum ersten Mal auf. Wache Geister beobachteten die Weltanschauungsszene auf dem Marktplatz sehr aufmerksam. Es könnte ja etwas Neues geben. Die damalige Zeit war ein unüberschaubarer Wirrwarr neuer volkstümlicher Philosophien, sich attraktiv gebender Lebenskonzepte, religiöser Geheimlehren und Spezialkulte. Es war ein Klima von New Age.

Die damalige Zeit hat vieles mit der heutigen gemeinsam. Das Römische Reich dehnte sich von Spanien bis Indien, vom heutigen Sudan bis England aus. Das war Globalisierung. Nicht nur freier Austausch von Waren, sondern auch von Meinungen, Weltanschauungen, Religionen. Solche Grenzenlosigkeit schafft aber immer auch Unübersichtlichkeit und damit Ängste. Gegen die Ängste werden diverse Lebenshilfeangebote propagiert. Was wir heute als Esoterik kennen, nannte man damals „Gnosis", was „Erkenntnis" bedeutet. Erkenntnis der Weltzusammenhänge, der Erlösungswege, der Kraftquellen, der Sicherheiten zur Lebensbewältigung. Solche

Lebenshilfeangebote gab es en masse in Athen. Paulus erschien den Menschen wie einer von den vielen Lebenshilfeanbietern.

Paulus wusste das und er hat sich oft genug damit auseinander setzen müssen, dass die Leute ihn in Verdacht hatten, mit Religion ein Geschäft machen zu wollen. Er hat sich strikteste Disziplin im Lebensstil auferlegt, um glaubwürdig zu bleiben. Er hat sich mit harter Arbeit den Lebensunterhalt selbst verdient, um nicht das Missverständnis herauszufordern, er predige für Geld.

In Athen führte die Situation schließlich zu einer dramatischen Szene. Ein paar Wortführer wollten die Auseinandersetzung mit seiner Botschaft sozusagen auf ein offizielles Niveau heben. In Athen gab es nicht allzu weit vom Marktplatz den berühmten Areshügel, den Areopag. In älterer Zeit tagte hier das höchste Gericht Athens. Zur Zeit des Paulus hatte dieser Gerichtshof weiter keine Bedeutung mehr. Immerhin versammelten sich die Leute dort ganz offiziell, um Paulus anzuhören, sie wollten dort ihr höchstrichterliches Urteil über diese Jesus-Story fällen.

Paulus wurde also vorgeladen und aufgefordert zu sprechen. Die Zusammenfassung seiner Rede berichtet uns Lukas in Apostelgeschichte 17,22–31:

„Ihr Männer von Athen, ich sehe, dass ihr die Götter in allen Stücken sehr verehrt. Ich bin umhergegangen und habe eure Heiligtümer angesehen und fand einen Altar, auf dem stand geschrieben: Dem unbekannten Gott. Nun verkündige ich euch, was ihr unwissend verehrt. Gott, der die Welt gemacht hat und alles, was darin ist, er, der Herr des Himmels und der Erde, wohnt nicht in Tempeln, die mit Händen gemacht sind. Auch lässt er sich nicht von Menschenhänden dienen, wie einer, der etwas nötig hätte, da er doch selber jedermann Leben und Odem und alles gibt. Und er hat aus einem Menschen das ganze Menschengeschlecht gemacht, damit sie auf dem ganzen Erdboden wohnen, und er hat festgesetzt, wie lange sie bestehen und in welchen Grenzen sie wohnen sollen, damit sie Gott suchen sollen, ob sie ihn wohl fühlen und finden können; und fürwahr, er ist nicht ferne von einem jeden unter uns. Denn in ihm leben, weben und sind wir; wie auch einige Dichter bei euch gesagt haben: Wir sind seines Geschlechts.

Da wir nun göttlichen Geschlechts sind, sollen wir nicht meinen, die Gottheit sei gleich den goldenen, silbernen und steinernen Bildern, durch menschliche Kunst und Gedanken gemacht. Zwar hat Gott über die Zeit der Unwissenheit hinweggesehen; nun aber gebietet er den Menschen, dass alle an allen Enden umkehren. Denn er hat einen Tag festgesetzt, an dem er den Erdkreis richten will mit Gerechtigkeit durch einen Mann, den er dazu bestimmt hat, und hat jedermann den Glauben angeboten, indem er ihn von den Toten auferweckt hat."

Es lohnt sich, einige Gesichtspunkte dieser Rede noch einmal zu unterstreichen. Obwohl Paulus dem Religionsbetrieb in Athen sehr kritisch gegenüberstand, ist er nicht ohne Respekt. Er zieht die persönliche Ehrlichkeit der Religiosität der Menschen in Athen nicht in Zweifel. Er kennt sich auch in ihrem Denken aus. Er kann sich auf ihre Dichter beziehen. Er respektiert die Religiosität als einen Ausdruck tiefer Sehnsucht und echten Fragens. Beides kommt vor allen Dingen in dem Altar für den unbekannten Gott zum Ausdruck.

Religion ist der Versuch des Menschen, nicht nur die letzten Fragen des Lebens zu beantworten, sondern sich auch gegen die Mächte des Schicksals zu schützen. Da man aber nie genau weiß, ob es noch irgendwo Mächte gibt, die man aus Unkenntnis übersehen hat und deren Unwillen man sich zuzieht, gehen die Athener auf Nummer sicher. Die Verehrung des unbekannten Gottes ist ein Signal letzter Unsicherheit, die in aller Religion bleibt.

Religion ist Suche des Menschen. Der Mensch kann über seine Grenzen als Mensch nicht hinaus. Er kann immer nur seine Sehnsüchte, seine Wünsche und Ängste in den Himmel projizieren. Die Bilder, die er sieht, sind in ihm selbst entstanden, in ihm als Einzelmenschen oder als Kollektiv.

Viele deuten heute Religion mithilfe der Erkenntnisse des schweizerischen Psychoanalytikers Carl Gustav Jung. Für ihn spielen das kollektive Unbewusste und die sich darin ausbildenden Archetypen eine große Rolle. Die verschiedenen Ausprägungen der Religion, ihre Geschichten und Personen gehören nach seiner Ansicht zu einem breiten Symbolbestand in der menschlichen Seele, der den Menschen gemeinsam ist und jeweils in den verschiedenen Religionen unterschiedliche Ausprägungen erfährt.

Das, was der Mensch von sich aus über Gott zu denken und zu sagen in der Lage ist, drücke sich in materiellen Bildern aus, die er mit seinen Händen schaffe, oder in geistigen Systemen, die sein Hirn forme, oder eben in Bildern und Symbolen, die in seiner Seele gespeichert seien. Der Mensch bleibe in alledem bei sich selbst.

Genau an diesem Punkt setzt Paulus an. Gott ist nicht menschliches Produkt, weder materiell noch geistig noch seelisch. Er ist der Schöpfer und er steht dem Menschen als dem Geschöpf gegenüber.

Der Mensch ist in eine begrenzte Lebenssituation hineingesetzt, die ihn ins Fragen führt und nach Gott suchen lässt. Gott ist zwar nicht fernab im Jenseits, er durchdringt unser Leben in jedem Molekül und ist doch von unseren begrenzten Wahrnehmungsmöglichkeiten her nicht zu erfassen. Wir sind völlig darauf angewiesen, dass Gott selbst sich uns bekannt macht.

Und genau das ist der Punkt, an dem es kritisch wird. „Zwar hat Gott über die Zeit der Unwissenheit hinweggesehen", sagt Paulus, „nun aber gebietet er den Menschen, dass alle an allen Enden umkehren." Interessanterweise redet er in diesem Zusammenhang von Jesus zuerst als von dem Richter. Gott hat ihn als die entscheidende Person eingesetzt. An ihm wird sich nicht nur das persönliche Lebensschicksal, sondern die Weltgeschichte entscheiden.

Paulus bietet Jesus also nicht als religiösen Seelentrost an. Er weist nicht auf moralische oder seelische Defizite hin, die Jesus ausfüllen könnte. Das ist die Art und Weise, wie Jesus häufig in der Gegenwart als Lückenbüßer angepriesen wird. Solche Art der Anbiederei entspricht der Konsumgesellschaft. Der Konsument beurteilt alles danach, ob er es gebrauchen und verbrauchen kann. So geht man dann auch auf Jesus zu. Er lässt sich mit dieser Fragestellung aber nicht erkennen.

Er lässt sich von uns nicht zum Lückenbüßer machen. Er wird nicht das Mittel zum Zweck. Er lässt sich nicht vor unseren Karren spannen. Er begegnet uns als der Richter. Die entscheidende Frage ist nicht, ob wir ihn brauchen. Paulus präsentiert den selbstgewissen, ja besserwisserischen Europäern in Athen Jesus als die Krise ihres Denkens und Lebens. Genau das bedeutet nämlich Richter. Krisis heißt auf Deutsch Gericht.

Paulus macht von vornherein deutlich: Es geht nicht um Geschmack, Gefallen oder Nutzen, sondern es geht um die Wahrheitsfrage. Und damit um die Lebensfrage.

Am Schluss seiner Rede verbindet Paulus zwei wichtige Aussagen miteinander: Gott „hat jedermann den Glauben angeboten, indem er ihn [Jesus] von den Toten auferweckt hat." „Glauben" heißt in der Bibel nicht einfach „gedanklich für wahr halten". Es heißt vertrauen, sich anvertrauen, sich festmachen an dem zuverlässigen Gott. Dem trauen, der treu ist.

Wo aber soll ein Mensch sein Leben festmachen, wenn alles vom Tod zerrissen und zerstört wird? Dann gibt es keinen Halt mehr. Vertrauen kann ich nur zu dem fassen, der den Tod besiegt hat. Paulus verkündet den auferstandenen Jesus als die Einladung Gottes zum Glauben, zum Vertrauen. Menschen müssen sich nicht länger an ihren eigenen Vorstellungen festhalten. Sie müssen sich nicht selber vorgaukeln, dass die Gedanken, die sie sich über Gott gemacht haben, das Leben tragen. Sie dürfen festen Halt bekommen in dem Schöpfer und Herrn aller Welt, der sich in Jesus, dem Gekreuzigten und Auferstandenen, offenbart.

Was ist das Ergebnis der Rede des Paulus auf dem Areopag gewesen? Es wird berichtet, dass es die drei klassischen Reaktionen gab, die in Europa seitdem wieder und wieder der Botschaft von Jesus Christus entgegengebracht wurden. Von einer Gruppe der Zuhörer heißt es, dass sie anfangen zu spotten, als Paulus von der Auferstehung der

Toten spricht. Das hatten wir schon. Es passt nicht in ihr Denkschema. Sie wollen ja ihren Leib loswerden. Was soll ihnen eine Auferweckung? Sie lachen, weil nicht sein kann, was nicht sein darf.

Die anderen vertagen die ganze Sache und schieben sie vor sich her: „Wir wollen dich darüber ein andermal weiter hören." Es war sehr anregend. Manches leuchtete ihnen ein. Es blieben Fragen offen. Sie wollten jetzt weder im Denken noch im Leben Konsequenzen ziehen. Vertagen ist in solchen Fällen die einfachste Lösung. Man muss sich noch nicht festlegen.

Von einer dritten Gruppe heißt es: „Einige Männer schlossen sich ihm an und wurden gläubig; unter ihnen war auch Dionysius, einer aus dem Rat, und eine Frau mit Namen Damaris und andere mit ihnen." Es gab eine Gruppe von Menschen, die reagierte auf die Einladung zu Jesus Christus mit dem Schritt des Vertrauens. Sie machte ihr Leben an ihm fest. Ein erster Kontakt wurde geknüpft. Ein neuer Lebensweg unter der Regie des auferstandenen Jesus Christus begann. Es waren ganz verschiedene Leute, namhafte und namenlose.

So ist die Geschichte weitergegangen bis heute. Ärger in Athen und anderswo. Spöttisches Gelächter. Jesus passt in kein Schema. Viele leisten sich nicht einmal die kritische Auseinandersetzung. Sie vertagen die Sache einfach. Sie mögen die Konsequenzen nicht. Kirche als Serviceunternehmen ist okay: Religion ohne Entscheidung und zu kleinen Preisen. Sie tut niemandem weh und ist vielleicht irgendwann einmal in Grenzsituationen des Lebens nützlich. Einige aber antworten auf die klare Einladung mit der Öffnung ihres Lebens, mit dem Schritt des Vertrauens, mit der Bereitschaft zur Nachfolge hinter Jesus her. Jesus, der Herr und Richter der Welt, wird die Mitte ihres Lebens. Er ist die Schlüsselfigur der Weltgeschichte und er schließt den Weg in die Zukunft für den einzelnen Menschen auf.

Soweit der Ärger in Athen. Nun könnte man sagen: Den hat der Paulus selbst verursacht. Vielleicht hat er Jesus missverstanden. Im Laufe der Geschichte ist dem Paulus allerlei zugetraut und zugeschoben worden. Wie hat Jesus denn von sich selber gedacht und geredet? Hat er womöglich für sich einen solchen maßlosen Anspruch gar nicht erhoben? Muss man davon ausgehen, dass die Anhänger erst aus ihm gemacht haben, was er selber gar nicht wollte? Wenn das zu Anfang zitierte Wort aus Johannes 14,6 tatsächlich völlig allein im Neuen Testament diesen absoluten Anspruch erheben würde, dann müsste man sicherlich Zweifel anmelden.

Ich werde deshalb im Folgenden auf einen Aussagenzusammenhang im Neuen Testament hinweisen, der vielen – leider auch vielen Christen – nicht vertraut ist, obwohl er von überragender Bedeutung dafür ist, wie Jesus sich selber verstanden hat.

Jesus, der Menschensohn

In den vier Evangelien bezeichnet sich Jesus sehr oft als Menschensohn. Viele Leser verstehen diesen Titel fälschlicherweise als Beschreibung der Niedrigkeit, eben des Menschseins von Jesus Christus. Dieses Verständnis ist nahe liegend. Wir sind gewohnt, dass das Neue Testament von Jesus als dem Sohn Gottes spricht. Das drückt seine Hoheit aus. Menschensohn – so meint man – bezeichnet dann selbstverständlich das Gegenteil, nämlich seine menschliche Herkunft und Art.

Tatsächlich legt das Neue Testament großen Wert darauf, dass Jesus ganz und gar Mensch gewesen ist. Die Bibel vermittelt uns nicht das Bild eines über der Wirklichkeit schwebenden Geistes, wenn sie von Jesus spricht. Er musste essen und trinken, er weinte und freute sich, er wurde müde, er hatte Angst, er wurde hingerichtet und starb am Kreuz.

Jüdische Zuhörer allerdings kannten den Ausdruck „Menschensohn" aus ihrer Bibel. Im Buch des Propheten Daniel wird von einer Vision des Daniel berichtet. Daniel beschreibt, dass Gott ihm in dieser Vision das Weltgericht zeigt. „Das Gericht wurde gehalten, und die Bücher wurden aufgetan" (Daniel 7,10).

Und dann heißt es: „Ich sah in diesem Gesicht in der Nacht, und siehe, es kam einer mit den Wolken des Himmels wie eines Menschen Sohn und gelangte zu dem, der uralt war *[eine bildliche Umschreibung für Gott]*, und wurde vor ihn gebracht. Der gab ihm Macht, Ehre und Reich, dass ihm alle Völker und Leute aus so vielen verschiedenen Sprachen dienen sollten. Seine Macht ist ewig und vergeht nicht, und sein Reich hat kein Ende" (Daniel 7,13 f).

Von dieser Prophetie her ist der Ausdruck „Menschensohn" inhaltlich fest geprägt. Er bezeichnet den von Gott autorisierten Herrscher und Richter der Welt. Wir verstehen den Titel also nur dann richtig, wenn wir in Gedanken sofort hinzufügen: „Richter und Herr der Welt".

69-mal begegnet uns das Wort „Menschensohn" in den ersten drei Evangelien – Matthäus, Markus und Lukas –, und zwar nur in Worten, die Jesus über sich selbst spricht. Weitere zwölfmal kommt es im Johannesevangelium vor. Elfmal spricht Jesus über sich selbst, einmal wird er von einem Zuhörer mit dieser Bezeichnung zitiert (Johannes 12,34). Schauen wir einige typische Texte genauer an.

Der kommende Menschensohn

Einmal fragen die Jünger Jesus, wie es mit seinem zukünftigen Kommen und mit dem Ende der Welt sein wird (Matthäus 24). Jesus redet von den Zeichen der zu Ende gehenden Weltzeit, den Kriegen, Hungersnöten, Verfolgungen, den falschen Propheten, der zunehmenden Ungerechtigkeit, aber auch von der weltweiten Verkündigung des Evangeliums unter allen Völkern.

Schließlich sagt er: „Sogleich aber nach der Bedrängnis jener Zeit wird die Sonne sich verfinstern und der Mond seinen Schein verlieren, und die Sterne werden vom Himmel fallen und die Kräfte der Himmel werden ins Wanken kommen. Und dann wird erscheinen das Zeichen des Menschensohns am Himmel. Und dann werden wehklagen alle Geschlechter auf Erden und werden sehen den Menschensohn kommen auf den Wolken des Himmels mit großer Kraft und Herrlichkeit" (Matthäus 24,29 f).

Hier ist die Redeweise des Propheten Daniel aufgenommen. Das Kommen mit den Wolken des Himmels ist eine bildliche Beschreibung für den Einbruch der Wirklichkeit des unsichtbaren Herrn und Richters in die raumzeitliche Wirklichkeit.

In Matthäus 25,31–46 redet Jesus dann davon, wie das Weltgericht sich vollziehen wird: „Wenn aber der Menschensohn kommen wird in seiner Herrlichkeit, und alle Engel mit ihm, dann wird er sitzen auf dem Thron seiner Herrlichkeit, und alle Völker werden vor ihm versammelt werden. Und er wird sie voneinander scheiden, wie ein Hirt die Schafe von den Böcken scheidet, und wird die Schafe zu seiner Rechten stellen und die Böcke zur Linken.

Da wird dann der König sagen zu denen zu seiner Rechten: Kommt her, ihr Gesegneten meines Vaters, ererbt das Reich, das euch bereitet ist von Anbeginn der Welt! Denn ich bin hungrig gewesen, und ihr habt mir zu essen gegeben. Ich bin durstig gewesen, und ihr habt mir zu trinken gegeben. Ich bin ein Fremder gewesen, und ihr habt mich aufgenommen. Ich bin nackt gewesen, und ihr habt mich gekleidet. Ich bin krank gewesen, und ihr habt mich besucht. Ich bin im Gefängnis gewesen, und ihr seid zu mir gekommen. Dann werden ihm die Gerechten antworten und sagen: Herr, wann haben wir dich hungrig gesehen und haben dir zu essen gegeben, oder durstig und haben dir zu trinken gegeben? Wann haben wir dich als Fremden gesehen und haben dich aufgenommen, oder nackt und haben dich gekleidet? Wann haben wir dich krank oder im Gefängnis gesehen und sind zu dir gekommen?

Und der König wird antworten und zu ihnen sagen: Wahrlich, ich sage euch: Was ihr getan habt einem von diesen meinen geringsten Brüdern, das habt ihr mir getan.

Dann wird er auch sagen zu denen zur Linken: Geht weg von mir, ihr Verfluchten, in das ewige Feuer, das bereitet ist dem Teufel und seinen Engeln! Denn ich bin hungrig gewesen, und ihr habt mir nicht zu essen gegeben. Ich bin durstig gewesen, und ihr habt mir nicht zu trinken gegeben. Ich bin ein Fremder gewesen, und ihr habt mich nicht aufgenommen. Ich bin nackt gewesen, und ihr habt mich nicht gekleidet. Ich bin krank und im Gefängnis gewesen, und ihr habt mich nicht besucht. Dann werden sie ihm auch antworten und sagen: Herr, wann haben wir dich hungrig oder durstig gesehen oder als Fremden, oder nackt oder krank oder im Gefängnis und haben dir nicht gedient? Dann wird er ihnen antworten und sagen: Wahrlich, ich sage euch: Was ihr nicht getan habt einem von diesen Geringsten, das habt ihr mir auch nicht getan. Und sie werden hingehen: diese zur ewigen Strafe, aber die Gerechten in das ewige Leben."

Zunächst könnte man meinen, dass Jesus hier von einem anderen als dem kommenden Menschensohn-Weltrichter redet. Aber im Prozess und vor dem Hohen Rat in Jerusalem wird deutlich, dass er sich selber meint. Der Hohepriester spricht ihn auf dem Höhepunkt des Prozesses direkt an: „Ich beschwöre dich bei dem lebendigen Gott, dass du uns sagst, ob du der Christus bist, der Sohn Gottes. Jesus sprach zu ihm: Du sagst es. Doch sage ich euch: Von nun an werdet ihr sehen den Menschensohn sitzen zur Rechten der Kraft und kommen auf den Wolken des Himmels" (Matthäus 26,63 f).

Die Reaktion des Hohenpriesters ist eindeutig. Er zerreißt sein Obergewand zum Zeichen, dass eine unerträgliche Gotteslästerung geschehen ist. Jesus hat vor Zeugen behauptet, dass er der kommende Menschensohn-Weltrichter ist. Das wird als Gotteslästerung gewertet. Damit steht das Todesurteil fest. Die beiden anderen Möglichkeiten der Bewertung zieht der Hohepriester nicht in Betracht. Jesus könnte geisteskrank sein und sich in einen maßlosen Wahn verstiegen haben. Oder er könnte die Wahrheit sagen und tatsächlich der Weltherr und Weltrichter sein.

Andere Worte und Taten von Jesus erscheinen von hier aus in einem besonderen Licht.

Der gegenwärtige Menschensohn

Die ersten drei Evangelien berichten uns von einem Aufsehen erregenden Ereignis in Kapernaum. Jesus war dort wie zu Hause. Eines Tages war er in einem der Häuser in Kapernaum und sprach zu vielen Menschen, die sich um ihn drängten. Vier Männer wollten einen gelähmten Freund zu ihm bringen. Doch im Menschengedränge kamen sie nicht durch. In fantasievoller Liebe gaben sie nicht auf, sondern stiegen mitsamt ihrem gelähmten Freund auf das Flachdach des Hauses, gruben das Lehmdach auf und ließen den Freund auf seiner Bahre einfach in den überfüllten Raum hinunter, bis er vor den Füßen von Jesus lag. Man kann sich die Geschichte nicht dramatisch genug vorstellen.

Selbstverständlich hatten die Freunde erwartet, dass er den Gelähmten gesund machen würde. Stattdessen spricht er zu ihm: „Mein Sohn, deine Sünden sind dir vergeben" (Markus 2,5).

Für uns liest sich das wie eine Flucht ins Nicht-Überprüfbare. Man sagt sich: Typisch, Jesus soll etwas Handgreifliches tun, nämlich den Mann von der Lähmung heilen, aber er redet nur von der Vergebung der Sünden.

Für die frommen Juden, die die Szene miterleben, liegt der Skandal an ganz anderer Stelle. Es heißt in Markus 2,6 f: „Es saßen da aber einige Schriftgelehrte und dachten in ihren Herzen: Wie redet der so? Er lästert Gott! Wer kann Sünden vergeben als Gott allein?"

Jesus durchschaut die Gedanken dieser Menschen und reagiert: „Damit ihr aber wisst, dass der Menschensohn Vollmacht hat, Sünden zu vergeben auf Erden – sprach er zu dem Gelähmten: Ich sage dir, steh auf, nimm dein Bett und geh heim! Und er stand auf, nahm sein Bett und ging alsbald hinaus vor aller Augen, sodass sie sich alle entsetzten und Gott priesen und sprachen: Wir haben so etwas noch nie gesehen" (Markus 2,10–12).

Jesus handelt als der Menschensohn-Weltrichter. Nur der Weltrichter kann Vergebung der Sünden zusprechen. Und unmittelbar danach nimmt er auch mit der Selbstbezeichnung „Menschensohn" die Autorität des vom Propheten Daniel angekündigten Menschensohn-Weltrichters für sich in Anspruch. Damit hat er die Rolle des Lehrers und des Heilers, die ihm die Menschen zugebilligt hatten, gesprengt. Er handelt in letzter Autorität. Er beansprucht, der geoffenbarte Gott zu sein.

Der leidende Menschensohn

Die Einzigartigkeit von Jesus Christus wird aber erst dort vollends deutlich, wo sich der Anspruch des kommenden Menschensohn-Weltrichters, des jetzt schon in dieser Vollmacht handelnden Menschensohns, mit dem Leiden und Sterben verbindet.

Ein Höhepunkt in der Geschichte von Jesus ist jene Szene, die sich im Norden Israels abspielte. In Markus 8,27–33 wird berichtet: „Jesus ging fort mit seinen Jüngern in die Dörfer bei Cäsarea Philippi. Und auf dem Wege fragte er seine Jünger und sprach zu ihnen: Wer sagen die Leute, dass ich sei? Sie antworteten ihm: Einige sagen, du seiest Johannes der Täufer; einige sagen, du seiest Elia; andere, du seiest einer der Propheten. Und er fragte sie: Ihr aber, wer sagt ihr, dass ich sei? Da antwortete Petrus und sprach zu ihm: Du bist der Christus! Und er gebot ihnen, dass sie niemandem von ihm sagen sollten.

Und er fing an, sie zu lehren: Der Menschensohn muss viel leiden und verworfen werden von den Ältesten und Hohenpriestern und Schriftgelehrten und getötet werden und nach drei Tagen auferstehen. Und er redete das Wort frei und offen. Und Petrus nahm ihn beiseite und fing an, ihm zu wehren. Er aber wandte sich um, sah seine Jünger an und bedrohte Petrus und sprach: Geh weg von mir, Satan! Denn du meinst nicht, was göttlich, sondern was menschlich ist."

Das Christusbekenntnis des Petrus ist ein Höhepunkt in der gemeinsamen Geschichte dieser jungen Männer mit Jesus. Jesus bestätigt die Aussage des Petrus indirekt, verbietet aber, öffentlich in dieser Weise von ihm zu reden. Stattdessen erklärt er seinen weiteren Weg ins Leiden und Sterben und in die Auferstehung.

Genau an dieser Stelle bezeichnet er sich als Menschensohn. Jesus ist sehr zurückhaltend im Blick auf den Messiastitel („Messias" kommt aus dem Hebräischen, „Christus" aus dem Griechischen; beides bedeutet: Gesalbter). Der Grund dafür ist offensichtlich, dass im zeitgenössischen Judentum mit dem Messiastitel sehr stark politische Erwartungen verbunden sind, die er nicht zu erfüllen gedenkt. Stattdessen greift er aber den noch viel brisanteren Titel des Menschensohnes auf und setzt ihn ausgerechnet in den Zusammenhang mit seinem Leiden und Sterben. Das sprengt nun allerdings alle gewohnten Bahnen des Denkens auch der bibelfesten Juden. Der Menschensohn wird in Herrlichkeit als der Richter kommen. Wie kann er leiden und sterben? Doch genau hier liegt die Besonderheit im Anspruch von Jesus.

Überaus deutlich drückt er das in einem Gespräch mit seinen Jüngern über Herrscherverhalten in dieser Welt aus (Markus 10,42–45): „Da rief Jesus seine Jünger zu sich und sprach zu ihnen: Ihr wisst, die als Herrscher gelten, halten ihre Völker nieder, und ihre Mächtigen tun ihnen Gewalt an. Aber so ist es unter euch nicht; sondern wer groß sein will unter euch, der soll euer Diener sein; und wer unter euch der Erste sein will, der soll aller Knecht sein. Denn auch der Menschensohn ist nicht gekommen, dass er sich dienen lasse, sondern dass er diene und sein Leben gebe als Lösegeld für viele."

Was wäre typischer für den Herrn aller Herren, als dass die Menschen ihm dienten? Jesus aber sprengt alle Vorstellungen von Herrschaft und herrschaftlichem Verhalten. Er kommt als der Diener. Er macht die Drecksarbeit. Er übernimmt die Lasten. Er geht ins Sterben.

Obwohl er der Herr aller Herren ist, wird nicht einmal das menschliche Grundbedürfnis nach Wohnung befriedigt: „Die Füchse haben Gruben, und die Vögel unter dem Himmel haben Nester; aber der Menschensohn hat nichts, wo er sein Haupt hinlege" (Lukas 9,58). Das Einzigartige seines Handelns und Leidens begreifen wir erst dann, wenn wir erkennen, wer Jesus ist.

Warum ist der Tod dieses Jesus der einzige Weg, um die Menschen mit Gott zu versöhnen? Die Einzigartigkeit seines Todes besteht nicht darin, wie er gestorben ist. Tausende wurden von den Römern mit gleicher Brutalität gekreuzigt. Rein menschlich gesehen mögen manche schlimmer gelitten haben als Jesus. Die Einzigartigkeit seines Todes erkennen wir erst, wenn wir fragen, wer dieser Gekreuzigte ist: Der Herr und Richter der Welt geht ins Leiden und Sterben. Er nimmt den Platz des verlorenen Menschen ein. Er selbst erleidet die Konsequenzen der Rebellion und Feindschaft des Menschen gegen Gott. Das Gericht

Gottes, das den Menschen zu Recht treffen muss, wird stellvertretend an Jesus, dem Menschensohn-Weltrichter, vollzogen.

Für uns ist es unmöglich, die Lebensgeschichte eines anderen Menschen zu übernehmen. Schuld ist nicht etwas, das ich weggeben kann wie ein dreckiges Hemd. Rebellion gegen Gott, das ist mein eigenes Leben. Und nur der Schöpfer, der Herr und Richter der Welt, kann die Barrieren von Raum und Zeit durchbrechen, um mein Sündenleben anzuziehen, es ans Kreuz zu tragen und den ganzen Fall zu beenden.

Wegen der Einzigartigkeit von Jesus Christus kann ich mit Paulus bekennen: „Ich bin mit Christus gekreuzigt, ich lebe, doch nun nicht ich, sondern Christus lebt in mir. Denn was ich jetzt lebe im Fleisch, das lebe ich im Glauben an den Sohn Gottes, der mich geliebt hat und sich selbst für mich dahingegeben" (Galater 2,19 b–20).

Die Bestätigung

Ich habe bisher auf einen besonderen Gesichtspunkt im Neuen Testament aufmerksam gemacht, der zeigt, dass Jesus selbst den Absolutheitsanspruch für sich durchaus erhebt und wie er ihn versteht. Die genannten Texte sollen eine Einladung sein, das Neue Testament unter diesem Gesichtspunkt gründlich zu studieren. Dabei wird offenkundig werden, dass dort der Absolutheitsanspruch von Jesus von der ersten bis zur letzten Seite vorausgesetzt wird. Ob damit schon bewiesen ist, dass er auch zu Recht erhoben wird, werden wir gleich bedenken.

Zunächst einmal möchte ich festhalten: Es ist völlig unmöglich, unter Berufung auf Jesus oder das Neue Testament zu behaupten, Jesus habe sich nicht als den einzigen Weg zu Gott verstanden. Aber weil er diese Behauptung aufgestellt hat, muss er noch nicht Recht haben. Vielleicht hat Jesus sich getäuscht.

Die Freunde, die drei Jahre lang mit Jesus gelebt und sich ihm ganz und gar anvertraut hatten, waren nach seiner Hinrichtung der Meinung, dass er sich getäuscht habe. Die vollzogene Kreuzigung war für sie wie für die Feinde von Jesus der Beweis, dass sein Anspruch nicht stimmen konnte. Keiner von den Jüngern ist auf den Gedanken gekommen, jetzt etwa das Christentum als eine Religion der Nächstenliebe zu gründen, weil Jesus getreu seinen Lehren gestorben sei.

Diese etwas harmlose Vorstellung geistert aber in vielen Köpfen herum. Ein Studium des Neuen Testamentes zeigt schnell, dass die Wirklichkeit ganz anders war. Die Jünger liefen weg, versteckten sich und versuchten, mit ihrer Enttäuschung irgendwie fertig zu werden. Sie fürchteten, als Nachfolger von Jesus ebenfalls verhaftet zu werden.

Erst als der auferstandene Jesus ihnen begegnet, werden Enttäuschung und Zweifel langsam überwunden. Noch die ersten Nachrichten der Frauen vom leeren Grab stoßen auf eine Mischung aus Neugier und Skepsis. In Lukas 24,11 wird ausdrücklich die Reaktion der Männer auf die Nachricht der Frauen vom leeren Grab berichtet: „Es erschienen ihnen diese Worte, als wär's Geschwätz, und sie glaubten ihnen nicht." Zwei aus dem Jüngerkreis machen sich daraufhin auf den Weg, um aus dem Hexenkessel Jerusalem herauszukommen. Das Neue Testament berichtet uns, dass der auferstandene Jesus ihnen auf dem Weg begegnet. Sie erkennen ihn nicht. Er fragt sie nach den Geschehnissen und redet dann sehr hart und kritisch mit ihnen. Er muss gegen eine schier unüberwindliche Mauer von Zweifel und Misstrauen angehen. Auf diesem Hintergrund wird erst richtig deutlich, welche Schlüsselbedeutung die Auferweckung von Jesus hat. Ob sein Anspruch stimmt, ob das, was er gesagt und getan hat, wirklich gültig ist, ob sein Leiden und Sterben Versöhnung mit Gott bewirkt oder nur das Scheitern eines Idealisten ist, das entscheidet Gott selbst, indem er den Gekreuzigten am Ostermorgen auferweckt.

Die Auferweckung ist nicht nur die Wiederbelebung eines Toten für eine gewisse weitere Lebensspanne. So etwas kennen wir. Wer heute als klinisch Toter wieder ins Leben gebracht wird, erhält eine Spanne zusätzlicher Lebenszeit, die dann im Tod endet. Solche Wiederbelebung ist also keine grundsätzliche Überwindung des Todes. Das aber ist das Besondere und Einzigartige an der Auferweckung von Jesus

Christus. Hier geschieht die grundsätzliche und endgültige Durchbrechung der Todeswand. Er ist der Erste in dem Prozess der Auferstehung aller Toten. Der Durchbruch ist gelungen. Die Vollendung der Weltgeschichte hat begonnen.

Im Blick auf die zurückliegende Geschichte ist die Auferstehung die Beglaubigung des Redens, Handelns, Leidens und Sterbens von Jesus von Nazareth durch Gott selbst. Ja, Jesus ist der von Gott eingesetzte Menschensohn-Weltrichter. Und als solcher schafft er allein die Versöhnung der Menschen mit Gott.

Aufgrund der Ostererfahrung mit dem auferstandenen Jesus gehen die vom Zweifel zur Gewissheit gekommenen Zeugen später in die Öffentlichkeit: „So wisse nun das ganze Haus Israel gewiss, dass Gott diesen Jesus, den ihr gekreuzigt habt, zum Herrn und Christus gemacht hat" (Apostelgeschichte 2,36).

Unerschütterlich widerstehen sie allen Einschüchterungsversuchen der Regierung und der Polizei. Sie erklären frank und frei, dass alles, was sie jetzt als Nachfolger dieses Jesus Christus sagen und tun, aus dessen Auftrag und Kraft kommt. Mit herausfordernder Klarheit sagen sie vor dem höchsten Gericht in Jerusalem: „In keinem anderen ist das Heil, auch ist kein anderer Name unter dem Himmel den Menschen gegeben, durch den wir sollen gerettet werden" (Apostelgeschichte 4,12).

Der Auferstandene hat nicht nur Enttäuschte und Zweifler überwunden und ihre Zweifel in Gewissheit verwandelt. Er hat auch einen fanatischen Feind wie den Paulus überführt, indem er ihn seine Auferstehungswirklichkeit erfahren ließ.

Die Alternativen des Allmächtigen

Die Vorstellung, dass Jesus sich in einem übersteigerten Selbstbewusstsein für den einzigen Weg zu Gott gehalten habe, ist völlig abwegig. Er hat diese Tatsache im wörtlichsten Sinne erlitten. Er hat darum gebetet, es möge andere Möglichkeiten geben.

Der Bericht über die Nacht vor seinem Tode in Gethsemane macht das sehr deutlich (Markus 14,32–42). Es wird berichtet, dass er vor Angst zitterte und dass eine tiefe Traurigkeit über ihn kam. Er bat seine engsten Freunde, bei ihm zu wachen. Sein Gebet war kein wohlformulierter Vortrag. Es war ein Gebetskampf, den er immer wieder unterbrach, um die Unterstützung durch die engsten Vertrauten zu suchen. Die waren wie ausgeschaltet. Sie schliefen. Eine albtraumartige Szene! Die Männer, die vor Kurzem noch versprochen hatten, ihr Leben für Jesus einzusetzen, waren jetzt nicht einmal in der Lage, eine Stunde lang die Augen aufzuhalten. Demonstrativ wurde deutlich: Diesen Weg musste Jesus ganz allein gehen.

Im Gebet appellierte Jesus an die Allmacht Gottes: „Abba, mein Vater, alles ist dir möglich; nimm diesen Kelch von mir; doch nicht, was ich will, sondern was du willst!" (Markus 14,36).

Wenn Gott allmächtig ist, dann muss er doch viele Möglichkeiten haben, um seine Ziele zu erreichen. Genauso betete Jesus: „Alles ist dir möglich." – Also musste es doch auch andere Wege zur Erlösung geben als den durch Leiden und Tod.

Die Antwort ist bekannt. Der allmächtige Gott hatte keinen anderen Weg. Freispruch kann nur geschehen, wenn der gerechte Richter selbst das Todesurteil auf sich nimmt und stirbt. Wenn es eine andere Möglichkeit gegeben hätte, Jesus hätte sie allzu gern zugelassen. Es geht also zunächst gar nicht um einen Ausschließlichkeitsanspruch, sondern um ein ausschließliches, einzigartiges Angebot.

Angebot oder Anspruch – die damit verbundene Gültigkeit für alle Menschen fordert den Widerspruch heraus. Stellen wir uns nun den kritischen Anfragen.

Nathan – der Weisheit letzter Schluss?

Die in der europäischen Geschichte wahrscheinlich wirksamste kritische Anfrage hat im Jahre 1779 der Dichter Gotthold Ephraim Lessing (1729–1781) gestellt. Damals erschien sein Drama „Nathan der

Weise". In diesem Drama findet sich die sogenannte Ringparabel, die in der Auseinandersetzung um die Wahrheitsfrage nun seit mehr als zweihundert Jahren eine bedeutende Rolle spielt.

Der Sultan Saladin, ein Muslim, führt ein Gespräch mit dem reichen Juden Nathan über das Verhältnis der drei Religionen Islam, Judentum und Christentum. Es geht um die Frage: Wer hat wirklich die Wahrheit? Nathan antwortet, indem er die sogenannte Ringparabel erzählt. Die Sache ist wert, dass wir uns mit ihr genau befassen. Deshalb soll die Ringparabel hier ganz abgedruckt werden.[6]

NATHAN:

> Vor grauen Jahren lebt' ein Mann in Osten,
> Der einen Ring von unschätzbarem Wert
> Aus lieber Hand besaß. Der Stein war ein
> Opal, der hundert schöne Farben spielte,
> *Und hatte die geheime Kraft, vor Gott*
> *Und Menschen angenehm zu machen,* wer
> In dieser Zuversicht ihn trug. Was Wunder,
> Dass ihn der Mann in Osten darum nie
> Vom Finger ließ und die Verfügung traf,
> Auf ewig ihn bei seinem Hause zu
> Erhalten? Nämlich so. Er ließ den Ring
> Von seinen Söhnen dem geliebtesten
> Und setzte fest, dass dieser wiederum
> Den Ring von seinen Söhnen dem vermache,
> Der ihm der liebste sei, und stets der liebste,
> Ohn' Ansehn der Geburt, in Kraft allein
> Des Rings, das Haupt, der Fürst des Hauses werde ... –
>
> So kam nun dieser Ring, von Sohn zu Sohn,
> Auf einen Vater endlich von drei Söhnen,
> Die alle drei ihm gleich gehorsam waren,
> Die alle drei er folglich gleich zu lieben

---

6   Die Hervorhebungen der Kernaussagen in Kursivschrift stammen vom Verfasser.

Sich nicht entbrechen konnte. Nur von Zeit
Zu Zeit schien ihm bald der, bald dieser, bald
Der dritte – so wie jeder sich mit ihm
Allein befand, und sein ergießend Herz
Die andern zwei nicht teilten – würdiger
Des Ringes; den er denn auch einem jeden
Die fromme Schwachheit hatte, zu versprechen.
Das ging nun so, solang es ging. – Allein
Es kam zum Sterben, und der gute Vater
Kömmt in Verlegenheit. Es schmerzt ihn, zwei
Von seinen Söhnen, die sich auf sein Wort
Verlassen, so zu kränken. – Was zu tun? –
Er sendet in geheim zu einem Künstler,
Bei dem er, nach dem Muster seines Ringes,
Zwei andere bestellt, und weder Kosten
Noch Mühe sparen heißt, sie jenem gleich,
Vollkommen gleich zu machen. Das gelingt
Dem Künstler. Da er ihm die Ringe bringt,
Kann selbst der Vater seinen Musterring
Nicht unterscheiden. Froh und freudig ruft
Er seine Söhne, jeden insbesondre;
Gibt jedem insbesondere seinen Segen, –
Und seinen Ring – und stirbt ...
Kaum war der Vater tot, so kömmt ein jeder
Mit seinem Ring, und jeder will der Fürst
Des Hauses sein. *Man untersucht, man zankt,
Man klagt. Umsonst; der rechte Ring war nicht
Erweislich.* – Fast so unerweislich als
Uns itzt – der rechte Glaube.

SALADIN:

Wie? das soll
Die Antwort sein auf meine Frage? ...

NATHAN:

> ... Soll
> Mich bloß entschuldigen, wenn ich die Ringe
> Mir nicht getrau' zu unterscheiden, die
> Der Vater in der Absicht machen ließ,
> Damit sie nicht zu unterscheiden wären.

Nathan erläutert dann, warum die zur Debatte stehenden drei Religionen genauso wenig wie die drei Ringe zu unterscheiden sind. Alle drei beruhen auf Geschichte, und Geschichte wird mündlich oder schriftlich überliefert. Nun ist es nur natürlich, dass jeder Mensch seinen eigenen Vorfahren das meiste Vertrauen entgegenbringt: „Wie kann ich meinen Vätern weniger als du den deinen glauben?" – So beharrt also jeder auf der Richtigkeit der eigenen Religion, weil er den eigenen Vorfahren mehr vertraut als den Vorfahren des Andersgläubigen. Dann fährt Nathan in seiner Erzählung fort:

NATHAN:

> Lass auf unsre Ring'
> Uns wieder kommen. Wie gesagt: die Söhne
> Verklagten sich; und jeder schwur dem Richter,
> Unmittelbar aus seines Vaters Hand
> Den Ring zu haben – Wie auch wahr! –, Nachdem
> Er von ihm lange das Versprechen schon
> Gehabt, des Ringes Vorrecht einmal zu
> Genießen. – Wie nicht minder wahr! – Der Vater,
> Beteurte jeder, könne gegen ihn
> Nicht falsch gewesen sein und eh' er dieses
> Von ihm, von einem solchen lieben Vater,
> Argwohnen lass': eh' müss er seine Brüder,
> So gern er sonst von ihnen nur das Beste
> Bereit zu glauben sei, des falschen Spiels
> Bezeihen; und er wolle die Verräter
> Schon auszufinden wissen; sich schon rächen.

SALADIN:

Und nun der Richter? – Mich verlangt zu hören,
Was du den Richter sagen lässest. Sprich!

NATHAN:

Der Richter sprach: Wenn ihr mir nun den Vater
Nicht bald zur Stelle schafft, so weis' ich euch
Von meinem Stuhle. Denkt ihr, dass ich Rätsel
Zu lösen da bin? Oder harret ihr,
Bis dass der rechte Ring den Mund eröffne? –
Doch halt! Ich höre ja, der rechte Ring
Besitzt die Wunderkraft, beliebt zu machen.
Vor Gott und Menschen angenehm. Das muss
Entscheiden! Denn die falschen Ringe werden
Doch das nicht können! – Nun; wen lieben zwei
Von Euch am meisten? – Macht, sagt an! Ihr schweigt?
Die Ringe wirken nur zurück? und nicht
Nach außen? Jeder liebt sich selber nur
Am meisten? – Oh, so seid ihr alle drei
Betrogene Betrüger! – Eure Ringe
Sind alle drei nicht echt. Der echte Ring
Vermutlich ging verloren. Den Verlust
Zu bergen, zu ersetzen, ließ der Vater
Die drei für einen machen.

SALADIN:

Herrlich! Herrlich!

NATHAN:

Und also, fuhr der Richter fort, wenn ihr
Nicht meinen Rat, statt meines Spruches, wollt:
Geht nur! – Mein Rat ist aber der: ihr nehmt
Die Sache völlig, wie sie liegt. Hat von
Euch jeder seinen Ring von seinem Vater:

So glaube jeder sicher seinen Ring
Den echten. – Möglich; dass der Vater nun
Die Tyrannei des einen Rings nicht länger hat
In seinem Hause dulden wollen! – Und gewiss;
Dass er auch alle drei geliebt und gleich
Geliebt: indem er zwei nicht drücken mögen,
Um einen zu begünstigen. – Wohlan!
Es eifre jeder seiner unbestochnen,
Von Vorurteilen freien Liebe nach!
Es strebe von euch jeder um die Wette,
Die Kraft des Steins in seinem Ring an Tag
Zu legen! komme dieser Kraft mit Sanftmut,
Mit herzlicher Verträglichkeit, mit Wohltun,
Mit innigster Ergebenheit in Gott
Zu Hilf'! Und wenn sich dann der Steine Kräfte
Bei euern Kindes-Kindeskindern äußern:
So lad' ich über tausend tausend Jahre
Sie wiederum vor diesen Stuhl. Da wird
Ein weisrer Mann auf diesem Stuhle sitzen
Als ich; und sprechen. Geht! – So sagte der
Bescheidne Richter.

Die Großartigkeit dieser Dichtung ist unbestritten. Wir aber haben uns jetzt mit ihrer Aussage auseinander zu setzen. Da der echte Ring die Eigenschaft haben soll, vor Gott und Menschen angenehm zu machen, müsste sein Besitzer dadurch herauszufinden sein, dass die anderen beiden Brüder ihn am meisten lieben. Dies muss die Wirkung des echten Ringes sein. Es stellt sich heraus:

Jeder liebt sich selber nur
Am meisten? – Oh, so seid ihr alle drei
Betrogene Betrüger! – Eure Ringe
Sind alle drei nicht echt. Der echte Ring
Vermutlich ging verloren.

Lessing will doch sagen, dass eine absolute Wahrheit alle Andersdenkenden in ihren Bann schlagen müsste. Schon allein die Tatsache, dass nicht alle Menschen einer Religion anhängen, spricht dafür, dass keine der bestehenden Religionen die absolute Wahrheit besitzt. Wobei Lessing nicht bestreitet, dass jede Religion eine große Nähe zur Wahrheit hat. So wie die nachgemachten Ringe dem echten ja sehr genau gleichen. Jedenfalls verzichtet der „bescheidene Richter" auf die Beantwortung der Wahrheitsfrage. Sein Rat heißt:

> Ihr nehmt
> Die Sache völlig, wie sie liegt. Hat von
> Euch jeder seinen Ring von seinem Vater:
> So glaube jeder sicher seinen Ring
> Den echten.

Und dann empfiehlt er ihnen weiter die Bewährung ihrer Haltung in der Liebe:

> Es eifre jeder seiner unbestochnen,
> Von Vorurteilen freien Liebe nach!

Das ist also Lessings Antwort: Die Wahrheitsfrage ist nicht zu entscheiden. Jeder soll nur getrost in seiner Religion als der wahren leben. Nur solle man tolerant sein und die „von Vorurteilen freie Liebe" üben. Die Gedanken Lessings sind bestechend. Und in der Tat muss sich ein Christentum, das seiner Wahrheit durch Kreuzzüge, durch Kanonen, Bomben und Raketen zur Geltung verhelfen wollte, die Kritik Lessings gefallen lassen. Fanatismus von Christen ist immer ein Zeichen dafür, dass die Botschaft vom gekreuzigten Jesus schon verraten wurde. Menschen in der Nachfolge von Jesus Christus können Andersdenkende und Feinde nur lieben, auch wenn sie deren System und Religion ablehnen müssen. Der Fanatiker hasst mit der fremden Anschauung immer auch den Anhänger dieser fremden Anschauung. Damit aber erweist er sich als fern von Jesus.

So gut der Vorschlag Lessings zur Behandlung der Wahrheitsfrage auch gemeint sein mag, er hat einen entscheidenden Fehler. Angesichts des Anspruchs, den Jesus erhebt, kommen wir um die Beantwortung der Wahrheitsfrage nicht herum. Es ist deutlich geworden: Lessings Gedanke steht nicht nur im Gegensatz zu dem Satz von Jesus „Ich bin der Weg, die Wahrheit und das Leben; niemand kommt zum Vater, außer durch mich". Mit seinem ganzen Leben und Sterben ist Jesus der einzige Weg zu Gott. Das Angebot des Evangeliums von Jesus Christus nötigt uns also die Wahrheitsfrage auf. Wenn Jesus in seinem zentralen Anspruch nicht die Wahrheit sagt, dann müssen wir hinter allem, was er sonst noch anbietet, große Fragezeichen machen.

Gotthold Ephraim Lessing hat die Relativierung der christlichen Botschaft noch tiefer begründet. Er unterscheidet die zufälligen Geschichtstatsachen von notwendigen Vernunftwahrheiten. Personen und Ereignisse sind zufällige Geschichtstatsachen. Sie sind in ihrer Begrenztheit und Unterschiedlichkeit den Wechselfällen der zeitlichen Vergänglichkeit und Veränderbarkeit unterworfen. Sie können also nie die ewige Vernunftwahrheit ganz enthalten. Sie können nur ein Aspekt, ein Beispiel, ein Teilstück dieser ewigen Vernunftwahrheit sein. So sieht Lessing generell das Verhältnis von Geschichte und Wahrheit.

Das gilt natürlich auch für Jesus. Er ist für Lessing nur eine Ausdrucksweise, ein vielleicht sehr wichtiges Beispiel der ewigen Vernunftwahrheit. Nie und nimmer aber kann er als Person, die zu einer bestimmten Zeit gelebt hat und gestorben ist, die Wahrheit schlechthin sein.

Auf diesem Hintergrund wird Lessings Dichtung in der Ringparabel verständlich. Die abstrakte und absolute Wahrheit kann als Gott bezeichnet werden. Aber niemand weiß, wer Gott in seiner ganzen Fülle ist. Alle Religionen enthalten demnach Wahrheit, aber jeweils nur Teilwahrheiten.

Lesslie Newbigin (1909–1998), der 27 Jahre Bischof in Südindien war und ab 1974 in England lebte, schrieb: „Es gibt in der Tat eine alte und achtenswerte Tradition, die uns sagt, dass die letzte Wirklichkeit nicht erkennbar ist. Es ist wahr, dass der menschliche Geist Gott nicht begreifen kann. Aber diese wahre Aussage kann dazu gebraucht werden und wird dazu gebraucht, jede sichere Aussage über die Wahrheit zu disqualifizieren. Die wahre Feststellung, dass wir nicht alles erkennen können, kann gebraucht werden, um die gültige Forderung, etwas zu erkennen, zu disqualifizieren. Der menschliche Geist kann Gott nicht begreifen, aber wir haben keine Gründe, die Möglichkeit zu leugnen, dass Gott das Göttliche den Menschen bekannt machen könnte und dass sie in legitimer Weise bezeugen können, was ihnen offenbart worden ist."

Wenn und weil Menschen nicht in der Lage sind, von sich aus den wahren Gott zu erkennen, sind sie auch nicht fähig, Bedingungen für zutreffendes Denken oder Reden über Gott aufzustellen, es sei denn, Gott offenbart sich selbst und macht sich unter menschlichen Bedingungen bekannt. Wenn wir die Offenbarung Gottes in Jesus Christus übersehen, enden wir unweigerlich in Projektionen und Bildern von Gott, die wir unseren Wünschen oder Ängsten entsprechend selber produzieren.

Aber weil Gott sich selbst offenbart hat, können wir demütig und dankbar diese Geschichte erzählen, „denn die Torheit Gottes ist weiser, als die Menschen sind" (1. Korinther 1,25).

Göttliche Dummheit?

Die Auseinandersetzung mit diesem Punkt ist so alt wie das Neue Testament. Als Paulus sich mit den Intellektuellen Griechenlands auseinander setzen musste, bescheinigten sie ihm, dass die Botschaft von Jesus Christus Dummheit ist. Warum? Ganz ähnlich wie später Lessing gehen die Hauptströme der griechischen Philosophie davon aus, dass die Wahrheit nicht in ganzer Fülle in einem geschichtlichen Ereignis oder in einer Person zu finden sein kann. Sie ist nicht in der Welt der Materie, des Stoffes, der Dinge. Im Gegenteil, der Körper ist das Grab der Seele. So lehrten griechische Philosophen. Die Seele, das Geistige, muss aus der Gefangenschaft im Körperlichen und Stofflichen befreit werden. Nur dann kann die Wahrheit als eine allgemeine, alles umfassende geistige Wahrheit erkannt werden.

Die Botschaft vom gekreuzigten und auferstandenen Jesus Christus erscheint den Griechen als ausgemachte Dummheit. Die Wahrheit muss abstrakt sein, das heißt, sie ist von den Wechselfällen dinglicher Wirklichkeit weggezogen (lateinisch: abstrahere = wegziehen). Sie schwebt über den Dingen.

Was setzt nun Paulus dieser Kritik entgegen? „Hat nicht Gott die Weisheit der Welt zur Torheit gemacht? Denn weil die Welt, umgeben von der Weisheit Gottes, Gott durch ihre Weisheit nicht erkannte, gefiel es Gott wohl, durch die Torheit der Predigt zu retten, die daran glauben. Denn die Juden fordern Zeichen, und die Griechen fragen nach Weisheit, wir aber predigen den gekreuzigten Christus, den Juden ein Ärgernis und den Griechen eine Torheit; denen aber, die berufen sind, Juden und Griechen, predigen wir Christus als Gottes Kraft und Gottes Weisheit. Denn die Torheit Gottes ist weiser, als die Menschen sind, und die Schwachheit Gottes ist stärker, als die Menschen sind" (1. Korinther 1,20–25).

Gott offenbart sich im gekreuzigten Jesus und stellt damit unsere Denkvoraussetzungen infrage. Er lässt sich nicht in unser Schema pressen. Wir müssen uns entscheiden. Entweder wir halten unsere Denkvoraussetzungen für absolut gültig und messen alles, was auf uns zukommt, daran. Dann können wir die Botschaft vom gekreuzigten Jesus Christus nur als ausgemachte Dummheit ablehnen. Oder wir werden wie Paulus in der Begegnung mit dem auferstandenen Jesus Christus die Wende für unser Leben und Denken erfahren.

Dann wird anstelle des von uns gedachten Gottes der geoffenbarte Gott in Jesus Christus Mittelpunkt unseres Lebens und Denkens. Wer und wie er ist, können wir nicht schon von uns aus vorher wissen. Wer Gott ist, können wir nur demütig und behutsam nacherzählen, indem wir die Geschichte von Jesus Christus lesen, hören und darin Gott erkennen. Jesus hat gesagt: „Wer mich sieht, der sieht den Vater!" (Johannes 14,9).

Es geht also nicht darum, ob Jesus dem modernen Menschen intellektuell zuzumuten ist. Es geht um die entscheidende Frage, ob der sogenannte moderne Mensch im Banne seines Vorurteils verharren will oder ob er bereit ist, die scheinbar so selbstverständlichen Voraussetzungen seines Denkens und Lebens kritisch in Frage zu stellen.

Es stimmt nicht, dass die Wahrheit abseits der geschichtlichen Wirklichkeit über allem schwebt. Gott offenbart sich als der Schöpfer und der Herr der Geschichte. Er begegnet inmitten einer Welt der Tische und Bänke. Die Anschauung von einer abstrakten Wahrheit jenseits der sichtbaren Dinge hat dazu geführt, dass wir sie zum Thema von Sonntagsreden machen, aber mit dem alltäglichen Leben nicht in Beziehung bringen können. Finanzen und Ehefragen, Kindererziehung, Politik und Wirtschaft liegen dann auf einer anderen Ebene.

In Jesus Christus aber begegnet uns der lebendige Gott, der sich in unsere Lebensverhältnisse einmischt. Er ist nicht irgendwo im Jenseits zu finden, sondern ganz unten in Blut und Sterben – am Kreuz. Niemand kann sagen, er sei zu tief gefallen, zu klein, zu kümmerlich, zu elend, er sei ein hoffnungsloser Fall. Gott ist ganz unten. Jeder kann ihn kennenlernen und erfahren.

Wer hochnäsig mit dem intellektuellen Fernrohr ins Jenseits schaut, wird sich möglicherweise die Augen ausgucken, aber den Gott, der uns in Jesus nahegekommen ist, übersehen.

Fanatismus oder Feindesliebe?

Zu Anfang dieses Buches habe ich bereits erwähnt, dass die Geschichte des Christentums leider traurige Kapitel des Fanatismus und der Intoleranz aufzuweisen hat. Nicht zuletzt dadurch entstand die Skepsis gegenüber dem Absolutheitsanspruch von Jesus Christus. Wie steht es denn nun mit der Toleranz? Wie sieht das Verhältnis der Menschen, die Jesus Christus als Herrn anerkennen, zu Menschen mit anderer weltanschaulicher Orientierung aus?

Beim Lesen des Neuen Testaments fällt uns auf, dass Jesus Menschen in unbedingter Deutlichkeit gerufen hat: „Folge mir nach!" Nirgendwo aber beobachten wir, dass Jesus einen Menschen zwingt. Ganz im Gegenteil. Viele weisen ihn ab. Viele lachen über ihn.

In der Nähe der ostjordanischen Stadt Gerasa hat Jesus einen Menschen geheilt, der durch seine dämonische Besessenheit für die ganze Umgebung ein Schrecken war. Ergebnis dieser Wohltat: Die Leute fühlen sich durch diese Heilung derart verunsichert, dass sie Jesus bitten wegzugehen. Und er tut es. (Markus 5,1–20)

Ein ernsthafter, kluger und reicher Mann fragt Jesus, wie er ewiges Leben bekommen kann. Jesus redet sehr einfühlsam mit ihm und gibt ihm schließlich die entscheidende Wegweisung: „Eines fehlt dir. Geh hin, verkaufe alles, was du hast, und gib's den Armen, so wirst du einen Schatz im Himmel haben, und komm und folge mir nach!" (Markus 10,21). Die Antwort passt dem Mann nicht. Es heißt, er war sauer über dieses Wort und ging traurig weg. Wir hören nichts davon, dass Jesus einen Versuch macht, ihn festzuhalten.

Jesus nimmt in Kauf, dass er missverstanden, verspottet, verfolgt, gefoltert und getötet wird. Er ist im tiefsten Sinne tolerant. Das lateinische Wort „tolerare" bedeutet ertragen, erdulden. Die Toleranz von Jesus kommt aus seiner Liebe zu den Menschen.

Toleranz, wie wir sie in Europa seit der philosophischen Bewegung der Aufklärung verstehen, hat eine andere Begründung. Lessing hat es in seinem „Nathan" vor Augen geführt. Da die Wahrheit letzten Endes nicht zu erkennen ist, lohnt es sich nicht, darüber zu streiten. Toleranz setzt dann den Verzicht auf eine letzte Wahrheitserkenntnis voraus.

Eine so begründete Toleranz ist Jesus völlig fremd. Er erwartet von seinen Nachfolgern nicht nur Toleranz gegenüber Andersdenkenden, sondern er gebietet Feindesliebe: „Liebt eure Feinde; tut wohl denen, die euch hassen; segnet, die euch verfluchen; bittet für die, die euch beleidigen" (Lukas 6,27 f).

Wer sich zu Jesus als dem alleinigen Herrn und Retter bekennt, muss ihm auch in dieser Sache unbedingt folgen. Es ist eine Schande, wie oft wir Christen große Worte über Jesus im Munde geführt, seine Weisungen aber immer dann ausgeblendet haben, wenn sie uns nicht passten. Wo Zwang und Gewalt im Namen von Jesus Christus gegen andersdenkende Menschen eingesetzt wurden, haben die Christen Jesus verraten. Es ging ihnen dann nicht wirklich um Jesus, sondern um die Durchsetzung ihrer eigenen Machtansprüche.

Nicht die Christen haben einen Absolutheitsanspruch, sondern Jesus Christus macht ein absolutes Angebot, mit dem sich ein Ausschließlichkeitsanspruch verbindet. Damit wendet sich Jesus auch kritisch gegen jeden Versuch der Leute, die sich nach seinem Namen nennen und ihn für ihre eigenen Zwecke missbrauchen. Das ist einer der wundesten Punkte. Sicher, es gibt wunderbare Beispiele aus der Kirchen- und Missionsgeschichte, wie Mitarbeiterinnen und Mitarbeiter von Jesus Christus Verfolgung, Leiden und Sterben auf sich genommen haben, um die Liebe des Gekreuzigten und Auferstandenen auch den Feinden in Wort und Tat zu bezeugen. Aber Vergangenheit und Gegenwart liefern eben auch traurige Beispiele dafür, wie Christen unter dem Vorwand der Glaubenstreue ihren eigenen Machtanspruch, ihre eigenen politischen und wirtschaftlichen Vorteile, mit Gewalt gegen andere verteidigt haben.

Wenn wir so mit unserem Leben verraten, was wir mit den Worten verkünden, fallen wir unter das Gerichtswort, das Jesus in der Bergpredigt gesagt hat: „Es werden nicht alle, die zu mir sagen: Herr, Herr! in das Himmelreich kommen, sondern die den Willen tun meines Vaters im Himmel. Es werden viele zu mir sagen an jenem Tage: Herr, Herr, haben wir nicht in deinem Namen geweissagt? Haben wir nicht in deinem Namen böse Geister ausgetrieben? Haben wir nicht in deinem Namen viele Wunder getan? Dann werde ich ihnen bekennen: Ich habe euch noch nie gekannt; weicht von mir, ihr Übeltäter" (Matthäus 7,21–23).

Wir Christen stehen gerade in der Begegnung mit dem Islam wieder in einer besonderen Bewährungsprobe. Der Islam versteht sich – anders als Jesus – bewusst als eine politische Macht. Staatlicher Zwang und Krieg geschehen in Übereinstimmung mit den Aussagen des Korans. Da ist es schnell geschehen, dass Christen sich das Gesetz des Handelns vom Islam aufzwingen lassen, anstatt sich wirklich an Jesus zu orientieren. Die Botschaft, dass Jesus der einzige Weg ist, ist zuerst und vor allem eine Herausforderung an die Christen selbst. Sind wir bereit, ihm wirklich zu folgen? Oder wollen wir ihn vor den Karren unserer Interessen spannen? Darf er unsere Gedanken, Worte und Taten gründlich erneuern? Wollen wir ihm vertrauen, dass sein Weg zum erfüllten Leben führt? Oder werden wir besserwisserisch sein Wort außer Kraft setzen und mit Gewalt unsere eigenen Interessen durchsetzen?

Es ist natürlich nur logisch, dass eine Christenheit, die Jesus Christus für sich selbst nicht als den einen und einzigen Herrn anerkennt, anderen gegenüber die Botschaft von seiner Einzigartigkeit nicht vertreten möchte. So erklärt sich eine Situation, wie wir sie heute weithin vorfinden: Tolerante Schönrednerei als Schaufensterdekoration einerseits, aus Vorurteilen gespeiste Angst, Aggressivität und lieblose Ablehnung im Alltagsleben andererseits.

Um es noch einmal ganz deutlich zu sagen: Ich trete nicht ein für den Absolutheitsanspruch der Christen oder des Christentums. Das sogenannte Christentum hat sich in fast 2000 Jahren zu einem breiten, schmutzigen Strom entwickelt, in den viele Abwässer der Geschichte geflossen sind. Es ist typisch, dass man in einem Land, in dem sich 70 Prozent der Bevölkerung als Christen bezeichnen bzw. Mitglieder christlicher Kirchen sind, nicht einmal mit Eindeutigkeit sagen kann, wer und was ein Christ ist. Bis hinein in die Kirchen werden zu dieser Frage nebulöse Reden gehalten. Weltanschauliche Nebenflüsse aller Art haben im Laufe von Geschichte und Gegenwart den Einfluss der biblischen Botschaft verdrängt oder überlagert. Mehr oder weniger gedankenloses Mitläufertum ist geradezu typisch für das Christentum geworden.

Kein Wunder, dass es weltweit Kredit verloren hat. Gläubige Vertreter anderer Religionen schauen zum Teil verächtlich auf sogenannte Christen, die sich tolerant anbiedern, weil sie weder im Leben noch im Denken eine Position als Christen mit Überzeugung vertreten können und wollen.

Vor einiger Zeit hatte ich in einer Versammlung einen führenden Christen aus Sri Lanka zu übersetzen. Als Übersetzer ist man natürlich ein besonders aufmerksamer Zuhörer. Ich werde nicht vergessen, was er den Christen in Westeuropa ins Stammbuch schrieb. Er sagte ungefähr Folgendes: „Wenn wir in Sri Lanka als Christen mit intellektuellen Buddhisten über das Evangelium von Jesus Christus sprechen, weisen sie uns hämisch auf die sogenannten christlichen Länder hin. Sie haben an westlichen Universitäten studiert. Sie haben die sogenannten Christen in Europa in ihrem Leben beobachtet, und sie sagen: ‚Predigt den Christen erst einmal das Evangelium von Jesus

Christus, dass sie sich zu dem bekehren, nach dem sie sich nennen. Dann kommt zu uns.'" Der Gast aus Sri Lanka fuhr fort: „Glaubt nicht, dass wir daraufhin schweigen. Aber ich muss euch sagen, dass es uns in Asien eine große Hilfe wäre, wenn sich in Europa die Menschen, die sich aus Tradition oder aus welchen Gründen auch immer Christen nennen, wirklich zu Jesus Christus bekehrten."

Die politische Tugend der Toleranz

Ich muss noch einmal auf die Frage der Toleranz zurückkommen. Setzt Toleranz voraus, dass man auf die für alle geltende Wahrheit verzichtet? Die Botschaft der Ringparabel von Lessing legt das nahe. Das gängige Verständnis von Toleranz in der heutigen Gesellschaft scheint auch davon auszugehen. Es wird erwartet, dass jeder seine eigene Position relativiert und inhaltlich Verständnis für die anderen Positionen zeigt. Wo das geschieht, ist allerdings Toleranz eigentlich gar nicht mehr nötig. Man hat ja eine gemeinsame Ansicht gefunden, die sich aus den Teilstücken der Gegensätze zusammenfügt.

Zur Klärung des Verständnisses von Toleranz weise ich auf Johann Wolfgang von Goethe und auf Jürgen Habermas hin.

Im Nachlass Goethes findet sich der Satz: „Toleranz sollte eigentlich nur eine vorübergehende Gesinnung sein; sie muss zur Anerkennung führen. Dulden heißt beleidigen."[7]

Warum sieht Goethe Toleranz so negativ? Ursprünglich war Toleranz immer etwas, das von oben erlassen und gewährt wurde. Kaiser und Könige erließen Toleranzedikte, die bestimmten Gruppen Duldung gewährten. 1598 erließ Heinrich IV. in Frankreich das Edikt von Nantes, das den Hugenotten Toleranz gewährte und 1685 widerrufen wurde. 1685 erlaubte das Edikt von Potsdam reformierten Hugenotten, ins lutherische Preußen zu kommen. 1781 gewährte das Toleranzpatent Kaiser Josephs II. religiösen Minderheiten wie den Protestanten Duldung in Österreich. Damit war keineswegs volle

---

7 Zitiert nach: http://natune.net/zitate/autor/Johann+Wolfgang+von+Goethe.

Gleichberechtigung, sondern Ausübung des Glaubens unter gewissen Auflagen verbunden.

Diesem Verständnis von Toleranz begegnet Goethe mit Kritik.

Der Philosoph Jürgen Habermas hat in seinem Festvortrag zum Leibniztag der Berlin-Brandenburgischen Akademie der Wissenschaften am 29. Juni 2002 zum Thema „Wann müssen wir tolerant sein? – Über die Konkurrenz von Weltbildern, Werten und Theorien" gesagt:

„Wir brauchen nicht tolerant zu sein, wenn wir gegenüber fremden Auffassungen und Einstellungen ohnehin indifferent sind oder gar den Wert dieses ‚anderen' schätzen." – „Die politische Tugend der Toleranz ist erst dann gefragt, wenn die Beteiligten ihren eigenen Wahrheitsanspruch im Konflikt mit dem Wahrheitsanspruch eines anderen als ‚nicht verhandelbar' betrachten, aber den fortbestehenden Dissens dahingestellt sein lassen, um auf der Ebene des politischen Zusammenlebens eine gemeinsame Basis des Umgangs aufrechtzuerhalten."[8]

In seinem Aufsatz „Religiöse Toleranz als Schrittmacher kultureller Rechte"[9] schreibt Habermas: „Der Begriff wäre zu lax gebraucht, wenn sich ‚Toleranz' allgemein auf die Disposition zum geduldig-duldsamen Umgang mit anderen oder Fremden erstreckte. Gemeint ist vielmehr die rechtlich nicht erzwingbare *politische* Tugend von Bürgern im Umgang mit anderen Bürgern, die einer abgelehnten Überzeugung anhängen. Wir sollen im anderen auch dann den Mitbürger achten, wenn wir seinen Glauben oder sein Denken für *falsch* und einen entsprechenden Lebenswandel für *schlecht* halten. Toleranz bewahrt eine pluralistische Gesellschaft davor, als politisches Gemeinwesen durch weltanschauliche Konflikte zerrissen zu werden. So kann nur jemand Toleranz üben, der subjektiv überzeugende

---

8   zitiert nach: http://www.bbaw.de/schein/habermas.html
9   Jürgen Habermas, Zwischen Naturalismus und Religion, Philosophische Aufsätze, Frankfurt a. M. 2005, Seite 264 f.

Gründe für die Ablehnung von Andersgläubigen hat. Toleranz ist nicht Gleichgültigkeit, denn Indifferenz gegenüber fremden Überzeugungen und Praktiken oder gar die Wertschätzung des anderen und seiner Andersheit würden Toleranz gegenstandslos machen."

Die Praktizierung politischer Toleranz verlangt also nicht die Verleugnung der eigenen Überzeugung, auch nicht die Einebnung der Unterschiede und Gegensätze. Aber sie setzt die Entschlossenheit voraus, dass man trotz der ausdrücklichen Gegensätze friedlich miteinander in einem politischen Gemeinwesen leben will.

Christen, die sich mit Entschiedenheit zu ihrem Glauben an Jesus Christus bekennen, müssen in einer pluralistischen, demokratisch verfassten Gesellschaft zugleich dafür eintreten, dass das Miteinander von Menschen verschiedener, ja gegensätzlicher Überzeugungen friedlich gestaltet wird.

Nicht selten beobachte ich bei bekennenden Christen, dass sie diese beiden Aufgaben nicht unterscheiden können. Kompromiss ist für sie ein schlechtes Wort. Sie denken immer an faule Kompromisse. Christen müssen aber unterscheiden. In der Nachfolge von Jesus ist ein kompromissloses Vertrauen zum Wort Gottes geboten. In der Organisation des Zusammenlebens mit Andersdenkenden in einem Staat sind Kompromisse als hilfreiche Lösungen für ein Miteinander ohne gewaltsame Konflikte nötig.

Zur Freiheit gehört auch die Möglichkeit, andere von der eigenen Position zu überzeugen. Der Religionswechsel ist nach Artikel 18 der Erklärung der Allgemeinen Menschenrechte der UNO Bestandteil der Religionsfreiheit, die jedem Menschen gewährt werden muss. Christen müssen um der Wahrheit des Evangeliums von Jesus Christus willen auf jeden Zwang bei dem Versuch verzichten, andere für den christlichen Glauben zu gewinnen. Der Staat muss die Befolgung seiner Gesetze mit Androhung von Zwang und Gewalt (Polizei und notfalls Gefängnis) durchsetzen. Christen dürfen legitimerweise nur das Wort in der Kraft des Heiligen Geistes und den überzeugenden Lebenswandel als Instrument zur Gewinnung Andersdenkender einsetzen.

Diese Selbstverständlichkeit ist leider manchen Christen nicht selbstverständlich. In der Vergangenheit haben die Staatskirchen sich durchaus des staatlichen Zwangs bedient. Und der Machttrieb und der Selbsterhaltungsreflex des Menschen sind allzu gern geneigt, sich zur eigenen Durchsetzung der Machtmittel zu bedienen, wenn sich dazu Gelegenheit bietet. Die Kirchengeschichte lehrt, dass die Christen dieser Versuchung häufig nicht widerstanden haben. Die Kritiker des christlichen Glaubens argwöhnen, dass die Christen auch in Zukunft dieser Versuchung nicht widerstehen werden. Leider geben ihnen fanatische Christen, die nach der Staatsgewalt zur Durchsetzung des christlichen Glaubens rufen, in Bezug auf diese Befürchtung recht.

Nach allen schlechten Erfahrungen in der Geschichte sind die Christen heute den Suchenden und den Kritikern den Beweis schuldig, dass Jesus Christus für sie wirklich der Herr ist und dass sie seinem Wort mehr vertrauen als allen anderen Geboten. Dazu gehört auch das Gebot der Feindesliebe. Feindesliebe kann nur Jesus gebieten, weil er die Liebe Gottes in Person ist und seine Nachfolger durch den Heiligen Geist mit der Liebe erfüllt. Diese Liebe hat in der Gesellschaft die erhaltende Salzkraft, von der Jesus in der Bergpredigt spricht. Praktizierte Feindesliebe wirkt in das konfliktträchtige Gemenge einer pluralistischen Gesellschaft hinein.

Die Liebe Gottes rettet Menschen, die sie annehmen und Vergebung der Sünden durch Jesus Christus erfahren. Diese Liebe strahlt aber auch noch wohltuend in eine Gesellschaft, selbst wenn die Menschen sich der Nachfolge von Jesus verweigern. Solange Christen in einer Gesellschaft leben, sind sie Salz der Erde (Matthäus 5,13).

Gestörte Einheitsbemühungen?

Am Anfang des Buches erwähnte ich die Notwendigkeit, gegenüber den großen Nöten in der Welt zu einem gemeinsamen Handeln zu kommen. Armut, Hunger, Ungerechtigkeit und Umweltzerstörung müssen gemeinsam bekämpft werden. Nicht wenige sind deshalb heute der Meinung, dass alle Religionen und Weltanschauungen das

Unterscheidende zurücktreten lassen müssen, um das die Menschen Verbindende stärker ins Bewusstsein zu heben.

Jesus wird anscheinend zum Störenfried der friedensfördernden Einigungsbemühungen, wenn er als der einzige Weg zu Gott und zum erfüllten Leben verkündigt wird. Manche empfehlen deshalb, nicht Jesus Christus, sondern den Glauben an Gott in den Vordergrund zu rücken. Aber auch der Glaube an Gott bietet keine hinreichend breite Basis, um alle zusammenzubringen. Viele glauben nicht an einen Gott. Was einigen soll, ist dann das Bemühen um Frieden, Gerechtigkeit und Bewahrung der Natur. Ich erwähnte schon, dass unter diesen Gesichtspunkten die Verkündigung von Jesus Christus als geradezu gemeingefährlich eingestuft und kritisiert wird.

Der katholische Theologe Hans Küng hat vorgeschlagen, die Wahrheit anderer Religionen anzuerkennen, ohne dass die Mitglieder jeweils die Besonderheit ihrer eigenen Religion aufgeben. Er weist den Anspruch der absoluten Wahrheit des Evangeliums von Jesus Christus zurück und bestimmt wahre Religion als solche, die menschliche Lebensbedingungen fördert, insbesondere die Menschenrechte. Dies bezeichnet er als den ethischen Maßstab für die Beurteilung wahrer Religion. Weiter nennt er ein religiöses Kriterium: die Treue einer Religion zu ihrem Ursprung, also zu ihren heiligen Schriften oder Gründern, Buddha, Jesus, Mohammed usw. Er nennt es das Kriterium der Authentizität. Drittens kennt er noch ein spezifisch christliches Kriterium: Christen bekennen Jesus von Nazareth als den Weg, die Wahrheit und das Leben für sich. So sei das Christentum für sie die wahre Religion. Das aber sei nur eine persönliche Feststellung.

Auf diesem Hintergrund lässt sich dann der Versuch der Einigung aller Religionen zur Förderung des Weltfriedens angehen.

Ich möchte zunächst einmal betonen, dass das Engagement für Frieden, Gerechtigkeit und Bewahrung der Schöpfung eine wichtige Aufgabe für Christen ist. Wenn wir an die Einzigartigkeit von Jesus Christus glauben, müssen wir zugleich zur Kenntnis nehmen, dass Gott durch Jesus die Welt liebt, sie erhält und sie retten will. Gott wird am Ende der Geschichte den neuen Himmel und die neue

Erde schaffen. Der auferstandene Herr Jesus Christus versichert uns dessen. Jesus Christus ist Gottes Garantie für die neue Welt. Deshalb muss ein Nachfolger von Jesus Christus liebevoll und sorgfältig für mehr Gerechtigkeit, mehr Frieden und für die Bewahrung der Schöpfung, die Gott uns anvertraut hat, arbeiten.

Es gibt viele Bereiche im täglichen Leben, wo Christen mit Menschen anderer Religionen und Weltanschauungen zusammenarbeiten können, ohne dass sie Jesus als ihren Herrn verleugnen. Solche Zusammenarbeit muss nicht dazu führen, dass im Blick auf die Einzigartigkeit von Jesus Christus Kompromisse gemacht werden. Es gibt sehr viel Sinnvolles und Notwendiges, das wir gemeinsam tun können. Als Christen setzen wir unser Vertrauen auf den auferstandenen Jesus, der uns die Zuversicht gibt, dass nichts vergeblich ist, was wir nach seinem Willen in dieser Welt tun. Und das Eintreten für Gerechtigkeit, für Frieden und für die Bewahrung der Schöpfung entspricht nun wirklich dem Willen Gottes.

Obwohl ich die guten Absichten derer nicht verkennen will, die eine Weltgemeinschaft unter dem Ziel der Bemühung um Gerechtigkeit, Frieden und Bewahrung der Natur zusammenbringen wollen, muss ich doch Skepsis anmelden. Im Laufe der Geschichte ist aus guten Absichten schon häufig Verheerendes geworden. Ich stimme mit Lesslie Newbigin überein, der schreibt: „Es gibt sicherlich eine gemeinsame Suche nach Heil; aber es ist gerade diese Suche, die die Welt in Stücke zerreißt, wenn sie nicht auf Gott ausgerichtet ist."

Wenn wir uns nicht an den Wegweisungen des Schöpfers orientieren und aus seiner Kraft schöpferisch handeln, müssen wir notgedrungen die Schöpfung verabsolutieren, das heißt vergötzen. Diese Entwicklung ist heute deutlich zu erkennen. Die politischen, wirtschaftlichen und ökologischen Krisen haben viele Menschen zu der Erkenntnis geführt, dass die Vergötzung des Menschen, der nach Gutdünken mit der Welt macht, was er will, verheerende Folgen hat. Was ist die Alternative? Die Erde wird als Göttin angesehen. Sonne, Mond und Sterne werden als Schicksalsmächte betrachtet. Dahinter steckt wohl die Hoffnung, dass wir Menschen mit der Erde schonender umgehen, wenn wir sie als Göttin verehren.

Wir beschreiten dabei aber nur einen parallelen Weg in die gleiche Richtung wie schon zuvor. Anstelle des Menschen wird die Natur vergötzt. Immer wenn wir die Schöpfung anstelle des Schöpfers verehren, geraten wir auf den Kurs der Zerstörung der Schöpfung – trotz aller guten Absichten.

Paulus schreibt in dieser Hinsicht einige harte und entlarvende Sätze: „Obwohl sie von Gott wussten, haben sie ihn nicht als Gott gepriesen noch ihm gedankt, sondern sind dem Nichtigen verfallen in ihren Gedanken, und ihr unverständiges Herz ist verfinstert. Da sie sich für Weise hielten, sind sie zu Narren geworden und haben die Herrlichkeit des unvergänglichen Gottes vertauscht mit einem Bild gleich dem eines vergänglichen Menschen und der Vögel und der vierfüßigen und kriechenden Tiere. Darum hat Gott sie in den Begierden ihrer Herzen dahingegeben in die Unreinheit, sodass ihre Leiber durch sie selbst geschändet werden, sie, die Gottes Wahrheit in Lüge verkehrt und das Geschöpf verehrt und ihm gedient haben statt dem Schöpfer, der gelobt ist in Ewigkeit. Amen. ... Und wie sie es für nichts geachtet haben, Gott zu erkennen, hat sie Gott dahingegeben in verkehrten Sinn, sodass sie tun, was nicht Recht ist, voll von aller Ungerechtigkeit, Schlechtigkeit, Habgier, Bosheit, voll Neid, Mord, Hader, List, Niedertracht; Zuträger, Verleumder, Gottesverächter, Frevler, hochmütig, prahlerisch, erfinderisch im Bösen, den Eltern ungehorsam, unvernünftig, treulos, lieblos, unbarmherzig. Sie wissen, dass, die solches tun, nach Gottes Recht den Tod verdienen; aber sie tun es nicht allein, sondern haben auch Gefallen an denen, die es tun" (Römer 1,21–25.28–32).

Gerade wenn uns der Dienst für Gerechtigkeit, Frieden und Bewahrung der Schöpfung wichtig ist, müssen wir von der Illusion Abschied nehmen, wir könnten ohne Jesus dieser Welt wirklich helfen. Die auch in Westeuropa wieder in Mode gekommene religiöse Verehrung der Natur und der kosmischen Kräfte, wie sie uns in dem weiten Spektrum der New-Age-Religiosität einladend angeboten wird, wird uns unweigerlich in eine neue bittere Enttäuschung führen.

Es ist durchaus sinnvoll, mit Andersgläubigen danach zu suchen, was man gemeinsam für das Wohl der Menschen tun kann. Wir werden aber nicht darauf verzichten, mit Eindringlichkeit Jesus als den Herrn und Retter der Welt zu verkünden. In ihm offenbart sich der Schöpfer und Herr des Himmels und der Erde, den der Psalmist anbetet: „Bei dir ist die Quelle des Lebens, und in deinem Lichte sehen wir das Licht" (Psalm 36,10).

Ohne Jesus verloren?

In vielen Diskussionen über die Bedeutung von Jesus Christus ist mir die vorwurfsvolle, geradezu anklagende Frage gestellt worden: Sollen denn wirklich alle, die nicht an Jesus Christus glauben und die nichts von ihm wissen, in Ewigkeit verloren sein? Was ist das denn für ein Gott? Lässt sich das mit der Liebe Gottes vereinbaren?

Ich rate dringend davon ab, dass wir uns auf das spekulative Spiel einlassen, uns ein Gottesbild zu schaffen, mit dem wir möglichst widerspruchsfrei alles in der Welt erklären können. Von Gottesbegriffen erwartet man in der Regel, dass sie so etwas leisten können. Sie sollen eine Art Weltformel sein. Wenn sie irgendetwas nicht hinreichend erklären, sind sie widerlegt. Das mag zwar typisch für unsere religiöse Produktion von Gottesbildern sein, aber der Gott, der sich in Jesus Christus als Schöpfer und Herr der Welt offenbart, lässt sich jedenfalls nicht in einen widerspruchsfreien Gottesbegriff fassen, den wir dann handhaben wie eine Formel, die alles erklärt.

Gott gibt sich in seiner Heiligkeit und seiner Liebe in Jesus Christus zu erkennen. Wir dürfen wissen, dass er ist und wie er ist. Er lässt uns über sein Gericht nicht im Unklaren und er vergewissert uns seiner Liebe durch den gekreuzigten und auferstandenen Jesus. Was Liebe Gottes ist, lässt sich genauso wie seine Gerechtigkeit und Heiligkeit einzig daran ablesen, wie er sich selbst redend und handelnd in der Geschichte Israels und in Jesus Christus offenbart. Und nachdem sich Gott nicht zu schade war, sondern sich erniedrigt hat bis zum Kreuz, um jeden zu retten, gibt es für uns alle keine Ausrede. Von Gottes Seite her ist völlig klar: Gott „will, dass allen Menschen geholfen werde und sie zur Erkenntnis der Wahrheit kommen. Denn es ist ein Gott und ein Mittler zwischen Gott und den Menschen, nämlich der

Mensch Christus Jesus, der sich selbst gegeben hat für alle zur Erlösung" (1. Timotheus 2,4–6).

Niemand muss verloren gehen. Ein Mensch kann eigentlich nur in der Ablehnung der Liebe Gottes, wie sie uns im gekreuzigten Jesus begegnet, sein Leben vertun. Wer die Versöhnung mit Gott durch Jesus nicht zu brauchen meint, muss zwangsläufig für sich selber vor dem Angesicht des heiligen Gottes geradestehen. Die Bibel spricht eine überaus deutliche Sprache: „Wer den Sohn hat, der hat das Leben; wer den Sohn Gottes nicht hat, der hat das Leben nicht" (1. Johannes 5,12).

Die Bibel macht sogar noch eine Grenzaussage im Blick auf die Menschen, die vor Jesus gelebt haben. Diese Aussage übersteigt allerdings bereits unser Vorstellungsvermögen. Deshalb ist die Bibel an dieser Stelle auch sehr zurückhaltend und gibt keiner ausufernden Fantasie Raum. In 1. Petrus 3,18–20 heißt es: „Denn auch Christus hat einmal für die Sünden gelitten, der Gerechte für die Ungerechten, damit er euch zu Gott führte, und ist getötet nach dem Fleisch, aber lebendig gemacht nach dem Geist. In ihm ist er auch hingegangen und hat gepredigt den Geistern im Gefängnis, die einst ungehorsam waren, als Gott harrte und Geduld hatte zur Zeit Noahs, als man die Arche baute, in der wenige, nämlich acht Seelen, gerettet wurden durchs Wasser hindurch." Und dann heißt es in 1. Petrus 4,6: „Denn dazu ist auch den Toten das Evangelium verkündigt, dass sie zwar nach Menschenweise gerichtet werden im Fleisch, aber nach Gottes Weise das Leben haben im Geist." Ohne jetzt auf Einzelheiten in diesem schwierigen Text einzugehen, will ich nur festhalten: Durch Jesus, den Auferstandenen, wird uns wie auch allen in der Totenwelt die Rettung auf eine Weise angeboten, die unsere Vorstellungsmöglichkeiten übersteigt.

Wir brauchen also wirklich keine Sorge zu haben, dass Gott Defizite an Gerechtigkeit hat, die wir ausfüllen müssten. Wir Christen haben die Aufgabe, den Menschen von heute Christus bekannt zu machen. Wir brauchen keine theologischen Ausreden, um unsere Bequemlichkeit zu rechtfertigen. Gott macht uns für die jetzt lebende Generation verantwortlich. Merkwürdigerweise sind wir in der Lage, Coca-Cola-Reklame, Fußballübertragungen und Waffen in die letzten Winkel dieser Welt zu transportieren. Wenn es aber um die rettende Nachricht von Jesus Christus geht, suchen wir nach tiefsinnigen Gründen, warum wir uns ganz auf unseren engsten persönlichen Bereich beschränken können. Gott aber gibt uns eine weltweite Aufgabe. Er macht uns verantwortlich dafür, dass wir mit anderen teilen, was wir von ihm geschenkt bekommen haben. Wir leben aus der Quelle, die Jesus Christus heißt. Daraus wächst die Verantwortung, allen Menschen zu sagen, dass es diese Quelle gibt und wo sie zu finden ist.

Es ist zwar durchaus Mode geworden, Jesus zu schulmeistern und ein Bild vom sogenannten „lieben Gott" zu malen, der nichts mit Gericht und schon gar nichts mit einer Verdammnis in Ewigkeit zu tun hat. Aber Jesus selbst sagt etwas anderes. In der Bergpredigt lesen wir: „Geht hinein durch die enge Pforte, denn die Pforte ist weit, und der Weg ist breit, der zur Verdammnis führt, und viele sind's, die auf ihm hineingehen. Wie eng ist die Pforte und wie schmal der Weg, der zum Leben führt, und wenige sind's, die ihn finden!" (Matthäus 7,13 f).

Nach allem, was wir im 20. Jahrhundert an Grausamkeiten zustande gebracht haben, sind wir nicht die Richtigen, um Gott in Sachen Humanität und Liebe etwas vorzuwerfen. Vielmehr sollten wir uns hüten, uns und anderen einen Gott zurechtzuschneidern, der zu allem Ja und Amen sagt, der uns nicht in unsere Angelegenheiten hineinredet, aber zu allem nach unseren Wünschen seinen Segen geben soll.

Der Weg zur Gewissheit

Wir haben uns einige Grundaussagen der Bibel über Jesus vor Augen geführt und uns auch mit kritischen Einwänden beschäftigt. Damit ist aber noch nicht die Frage beantwortet, ob und wie jeder Einzelne zu der Gewissheit gelangt, dass Jesus wirklich der eine Weg zu Gott und damit zur Erfüllung unseres Lebens ist. Dieser Fragestellung wollen wir uns im Folgenden zuwenden.

In Johannes 7,16 und 17 sagt Jesus: „Meine Lehre ist nicht von mir, sondern von dem, der mich gesandt hat. Wenn jemand dessen Willen tun will, wird er erkennen, ob diese Lehre von Gott ist oder ob ich von mir selbst aus rede." – Das ist der Weg zur Gewissheit, den Jesus weist. Machen wir uns klar, was in diesen wenigen Worten gesagt ist. Jesus nennt eine Bedingung dafür, dass man Gewissheit über seine Person bekommt. Ist er wirklich die Offenbarung des Schöpfers des Himmels und der Erde oder ist das ein angemaßter Anspruch? Um diese Frage geht es.

Jesus bietet hier den Weg an und nennt die Bedingung, unter der Gewissheit über diese Frage zu bekommen ist. Sie heißt: „Wenn jemand den Willen Gottes tun will..." Wer zu einer völligen Auslieferung an den Willen Gottes bereit ist, der wird auf diesem Wege die Gewissheit über Jesus und damit über Gott bekommen. Das heißt ganz praktisch: Wer sich den Zehn Geboten oder den Maßstäben der Bergpredigt, ja auch den Versprechen und Zusagen Gottes aussetzt, kommt zur Erkenntnis der Wahrheit.

Jesus versperrt uns also die Ausrede, dass wir nicht glauben und keine Gewissheit finden könnten. Er sagt uns nicht: „Wer den Willen Gottes tun kann...", sondern: „Wer bereit ist, den Willen Gottes zu tun, der wird erkennen, ob ich von Gott bin oder nicht."

Nun ein berechtigter Einwand: Kaufen wir bei dieser Methode nicht die Katze im Sack? Muss nicht die Reihenfolge umgekehrt sein? Erst müssen wir kritisch prüfen, ob Jesus wirklich der Sohn Gottes ist. Verdient er wirklich, dass wir unser ganzes Leben an ihn binden? Wenn die kritische, objektive Prüfung ein gutes Ergebnis gebracht hat, dann können wir die Hingabe unseres Lebens erwägen. Aber Jesus empfiehlt hier offensichtlich den umgekehrten Weg. Die Erkenntnis gewinnt man, indem man sich rückhaltlos dem Willen Gottes ausliefert. Das erscheint uns als Zumutung. Wir testen doch zunächst ein Auto, und dann wird es gekauft.

Die kritische Prüfung ist die Grundlage der Erkenntnis in Naturwissenschaft und Technik. Es wird so lange wie möglich an der Wahrheit gezweifelt, es werden Experimente gemacht. Man traut nicht einem Versuch, man macht viele Versuche. Erst wenn der Beweis erbracht ist durch viele Experimente, dann kann man Konsequenzen daraus ziehen.

Wo kämen wir hin, wenn in Wissenschaft, Technik und alltäglichem Leben dieses Prinzip aufgegeben würde? Die Welt würde zu einem Chaos.

Aber schon zwischen Menschen verfahren wir nicht mehr so, wie wir es in Naturwissenschaft und Technik tun. Die Gewissheitsfindung im zwischenmenschlichen Bereich bedient sich offensichtlich anderer Methoden als die Gewissheitsfindung der Naturwissenschaft. Ein Beispiel: Würden wir mit naturwissenschaftlichen Methoden herausfinden wollen, ob ein Partner uns wirklich liebt, dann würden wir zu ganz fatalen Ergebnissen kommen. Das Misstrauen und der Zweifel sind die naturwissenschaftlichen Mittel, mit denen wir der Wahrheit näherkommen.

Wenn ein Mann, nennen wir ihn mal Guido X, mit naturwissenschaftlichen Methoden vorginge, würde er also seiner Braut ein hartnäckiges Misstrauen entgegenbringen. Er würde ihr auf keinen Fall sofort abnehmen – nur auf ihr Wort hin –, dass sie ihn liebt. Er würde sie auffordern, zum Psychologen zu gehen und ein psychologisches Gutachten erstellen zu lassen. Er würde sich erbitten, diese Unterlagen zunächst einsehen zu können. Er würde weiterhin einen Detektiv beauftragen, seine Braut heimlich zu beschatten, um Material für oder gegen die Wahrscheinlichkeit ihrer Liebe zu sammeln. Das wären die kritischen Methoden im Dienste der Wahrheitsfindung.

Guido X würde garantiert zu dem Ergebnis kommen, das er vielleicht befürchtet hat. Er wird feststellen, dass seine Braut ihn nicht liebt. Misstrauen zerstört nämlich Liebe. Sollte am Anfang der Untersuchung tatsächlich Liebe vorhanden gewesen sein, dann wird sie im Laufe der misstrauischen Prüfung sicherlich restlos zerstört. Wir sehen: Das Misstrauen und der Zweifel, die in der Naturwissenschaft hilfreiche Mittel sind, sind keine angemessenen Mittel, um die persönliche Wahrheit zwischen zwei Menschen herauszufinden. Die Wahrheit wird gefunden, indem ich Vertrauen wage. Ich glaube dem Wort des anderen. Und indem ich darauf setze, erfahre ich, dass er mich wirklich liebt.

Genau betrachtet sind die Verfahren zur Erkenntnis der Wahrheit über Sachen und über Personen nur in einem Punkt unterschiedlich. In jedem Fall haben wir es mit mehr oder weniger wahrscheinlichen Behauptungen zu tun. Weil wir nicht gewiss sind, ob sie stimmen, sammeln wir Informationen, die zur Klärung beitragen. Wir setzen die Behauptung Experimenten aus, um herauszufinden, was an ihr dran ist. Wenn es um Sachen geht, muss nicht jeder die Experimente selber machen. Fachleute führen die Experimente durch und dokumentieren die Ergebnisse. Das reicht.

Wenn es um die Wahrheit zwischen Personen geht, muss ich das Experiment selber machen. Ich kann mich nicht durch andere vertreten lassen. Niemand kann für mich herausfinden, ob meine Frau mich liebt. Ich selber muss mich ihr gegenüber in Liebe und Vertrauen öffnen, um dessen gewiss zu werden, dass sie mich liebt. So geht es auch, wenn ich herausfinden will, ob ich jemandem eine größere Geldsumme treuhänderisch anvertrauen kann. Es mag eine sehr hohe Wahrscheinlichkeit dafür geben, dass der Betreffende vertrauenswürdig ist. Ich kann aber theoretisch nicht ausschließen, dass er ausgerechnet dann zum ersten Mal betrügt, wenn ich ihm mein Geld anvertraue. Ich werde Vertrauen wagen müssen und danach hundertprozentig wissen, ob er verlässlich ist.

Jeder lebt mit diesen Regeln zur Gewissheitsfindung. Wenn es um Gott geht, wird merkwürdigerweise meist verlangt, dass die Gewissheit über Gott wie die Gewissheit über Sachen gefunden werden soll. Wir möchten Zuschauer bleiben. Andere sollen uns den Beweis vorführen. Das kann nicht funktionieren. Wir können einander den Weg beschreiben. Wir können einander erzählen, wie unsere Erfahrungen mit den Experimenten zwischen Zweifeln und Vertrauenswagnis gewesen sind. Aber den Weg zur Gewissheit muss jeder selbst über das Vertrauenswagnis gehen.

Es schien eine Zumutung zu sein, dass Jesus von uns erst die ganze Hingabe fordert und dann die Gewissheit liefern will. Nun sehen wir, dass wir im Verhältnis zu den Menschen Ähnliches wagen müssen.

Außerdem liefert uns jeder Tag viele Beispiele dafür, dass wir oft nicht von kritisch geprüften und gesicherten Tatsachen ausgehen, sondern Vertrauen wagen müssen. Ohne den Akt des Vertrauens könnten wir gar nicht leben.

Wenn ich mich zu einem Arzt in die Behandlung begebe, überzeuge ich mich natürlich, soweit es geht, davon, ob er etwas kann und ob er zuverlässig ist. Aber ganz gewiss kann ich vorher nicht aufklären, ob er mir gegenüber gutgesinnt ist. Es bleibt ein Rest Wagnis im Vertrauen. Die Spritze, die er mir gibt, soll mich nicht töten, sondern heilen. Ich vertraue ihm und lasse ihn machen. Indem er handelt, wird mein Vertrauen als begründet und berechtigt bestätigt – oder eben nicht.

Wen das nicht überzeugt, der möge nur daran denken, wie er sich täglich beim Essen verhält. Da wird eine Suppe aufgetischt. Macht jemand einen chemischen Test, ob die Suppe vergiftet ist? Oder wie ist das beim Kaffee oder Tee? Natürlich testen wir nicht vor dem Essen oder Trinken. Wir kämen ja aus dem Testen gar nicht mehr heraus. Und im Übrigen war doch die Suppe noch nie vergiftet. Das ist eben das Problem. Jeder, der an vergifteter Suppe gestorben ist, hat bei einem Teller zu viel geglaubt.

Wir können nicht leben, ohne zu vertrauen. Wir würden verrückt, wenn wir nur dem trauen würden, was wir vorher bewiesen hätten. Natürlich gibt es gute Gründe, darauf zu vertrauen, dass die Suppe, die Mutter auf den Tisch stellt, nicht vergiftet ist. Immerhin, ein Rest-risiko bleibt. Die hundertprozentige Gewissheit hat man erst nach-her. So ist das Leben ein fortgesetzter Vollzug von Vertrauensakten, aus denen dann gewisse Erkenntnisse gewonnen werden.

Diese Beispiele und Erläuterungen können uns nicht beweisen, dass Jesus die Wahrheit ist. Aber sie können uns den Weg veranschauli-chen, den Jesus zur Wahrheitsfindung vorschlägt: Indem ich mich ihm ganz ausliefere, erfahre ich, ob er der Sohn Gottes ist, ob er hält, was er verspricht.

Die Methode, die Jesus uns zur Gewissheitsfindung vorschlägt, ist zwischen Personen völlig angemessen. Wer Personen wie Sachen behandelt, kommt zu falschen bzw. zu keinen Ergebnissen.

Beim Wort nehmen

Jesus hat gesagt: „Kommet her zu mir alle, die ihr mühselig und beladen seid, ich will euch erquicken!" – Nehmen wir ihn beim Wort, um die Stichhaltigkeit seines Versprechens zu prüfen. Zunächst frage ich, ob ich zu den Adressaten gehöre. Bin ich beladen mit Schuld, die ich vor Gott verantworten muss? Bin ich beladen mit Sorgen? Wenn die Einladung auf mich zutrifft, kann ich meine Lasten im Gebet bei Jesus abladen: „Herr, auf dein Wort hin komme ich mit meinen Belastungen zu dir. Du willst mir Ruhe geben. Nimm mir ab, was ich nicht tragen kann. Nimm mich zu deinem Eigentum mitsamt allen meinen Lasten!"

In 1. Johannes 1,9 lesen wir: „Wenn wir aber unsre Sünden bekennen, so ist Gott treu und gerecht, dass er uns die Sünden vergibt und reinigt uns von aller Ungerechtigkeit." – Das ist wieder ein Wort, dessen Wahrheit durch Wagnis und Vertrauen erfahren wird. Als Bedingung wird genannt, dass wir unsere Schuld vor ihm eingestehen. Die allgemeine Feststellung, dass wir alle Sünder sind, ist möglicherweise nur eine inhaltsleere Phrase. Hier geht es darum, ganz bestimmte Dinge, die wir getan haben oder schuldig geblieben sind, vor Gott zu nennen. Unsere Absage an Gott hat sich konkret in Lügen oder einer Kette von Lügen vollzogen. Oder in Egoismus, der sich wiederum in arrogantem Wesen, in Rechthaberei und Habgier ausprägt. Oder in Hass, der hasserfüllte Gedanken, Worte und Taten produziert. Oder in sexueller Gier, die unsere Fantasie beherrscht und zum Ehebruch verführt. Oder in Neid oder Diebstahl.

Im Spiegel des Wortes Gottes erkennen wir unser falsches Verhalten. Wir dürfen es vor Jesus aussprechen und um Vergebung bitten. In

1. Johannes 1,9 wird uns gesagt, dass Gott uns wegen seiner Treue und Gerechtigkeit vergibt. Gottes Gnade ist keine unberechenbare Laune. Sie beweist sich im Sterben und in der Auferweckung von Jesus. Weil der Richter selbst das Todesurteil an unserer Stelle erlitten hat, ist dem Recht Genüge getan. Wir sind begnadigt. Das ist nach Recht und Gerechtigkeit gültig. Indem wir es auf dieses Wort hin wagen, unsere Schuld zu bekennen, erfahren wir, dass Jesus sie wirklich vergibt.

Durch seine Vergebung wird unser Leben wirklich verändert. Er gibt uns die Gewissheit der Vergebung, die wir uns selber nicht einreden können. Die Gewissheit besteht nicht in einer Gedankenkombination unsererseits, sondern in dem bestätigenden Wort, das Jesus auf unser Bekenntnis hin spricht. Gewissheit muss außerhalb unseres Denkens verankert sein.

Diese beiden Beispiele zeigen, wie wir die im Wort Gottes gemachten Angebote anwenden können. Aber auch die Anwendung der Maßstäbe Gottes führt uns zur Gewissheit. „Wenn jemand dessen Willen tun will, wird er erkennen, ob diese Lehre von Gott ist oder ob ich von mir selbst aus rede." – Was ist der Wille Gottes? Wir können ihn in der Bibel schwarz auf weiß nachlesen. Gott hat seinen Willen klar geäußert. In den Zehn Geboten (2. Mose 20; 5. Mose 5) und in der Bergpredigt (Matthäus 5-7) sind die wichtigsten Wegweisungen zusammengefasst. Es ist sehr spannend, die Bibel mit der Frage zu lesen: „Herr, was ist dein Wille?"

Was kann man mit der Bibel nicht alles machen! Ich sah das Schaufenster einer Apotheke, in dem biblische Heilkräuter ausgestellt waren. Alle ausgestellten Pflanzen waren mit Namen und den Bibelstellen versehen, wo sie erwähnt werden. Irgendjemand hat alle Kochrezepte zusammengestellt, die er in der Bibel gefunden hat. Auch als Fundgrube für Quizfragen kann man die Bibel gebrauchen. Das mag ja alles ganz nett sein. Die Bibel schließt sich aber nur dem auf, der sie unter dem fragenden Gebet liest: „Herr, was sagst du mir, was soll ich tun?"

Der Weg zur Gewissheit geht über das Tun des Willens Gottes. Das Tun setzt voraus, dass ich weiß, was Gott will. Die Information darüber finde ich in der Bibel. Bibeln sind bei uns jedem zugänglich. Preiswert, in klarer, moderner Sprache, sogar mit Erklärungen. Warum gehen wir nicht an die Quelle, um den Willen Gottes zu erfahren?

In den Zehn Geboten und in der Bergpredigt von Jesus wird der Wille Gottes besonders kompakt ausgedrückt. Obwohl beide Abschnitte den Willen Gottes nicht erschöpfend für alle Lebenslagen enthalten, wird er hier doch für die wichtigsten Gebiete präzise formuliert. Messen wir unser Leben daran! Hören wir, was Jesus über Wahrhaftigkeit, Reinheit, Selbstlosigkeit und Liebe zu sagen hat! Wagen wir, diesen Willen Gottes zu tun!

Bitte verstehen Sie das nicht falsch! Es heißt nicht: Wer sein Leben nach den Maßstäben der gängigen bürgerlichen Moral einrichtet, wer tut, was man anständig nennt, wird Gewissheit über Jesus bekommen. Sondern: wer bereit ist, den Willen Gottes zu tun. Wir werden bei diesem Tun wichtige Erfahrungen machen. Erfahrungen über unser eigenes Leben, wie es sich im Lichte Gottes darstellt. Wir werden plötzlich wissen, warum Jesus am Kreuz starb. Wir werden durch Aufwachen und Erschrecken unseres Gewissens zu einer befreienden Gewissheit über Jesus gelangen.

Das ist der Weg zur Gewissheit, den Jesus weist. Vielleicht darf man sich die Sache so verdeutlichen: Der Umgang mit Jesus schafft Gewissheit über Jesus. Wer ins Wasser springt, braucht nicht mehr darüber zu rätseln, ob Wasser nass ist. Aber wie gesagt: Den Test mit dem Wasser kann auch ein anderer für mich machen. Bei der Erfahrung mit Jesus kann ich mich nicht von anderen vertreten lassen.

Die zwölf Männer des engsten Kreises um Jesus sind diesen Weg zur Gewissheit gegangen und nach ihnen unzählige andere Menschen. Der Sprecher des Apostelkreises, Petrus, hat in einer sehr kritischen Situation seinen Weg zu Jesus so beschrieben: „Herr ... Du hast Worte des ewigen Lebens; und wir haben geglaubt und erkannt: Du bist der Heilige Gottes" (Johannes 6,68 f). Zuerst war da das Angebot und der Anspruch von Jesus – Worte, die ewiges Leben schaffen. Dann folgten im Leben der Jünger zwei Schritte: Glauben und Erkennen. Sie haben auf die Worte von Jesus vertraut, sie praktisch befolgt und so die Wahrheit der Worte erfahren. Immer geht es bei der Gewissheitsfindung um diese beiden Schritte in dieser Reihenfolge.

Eine doppelte Gewissheit ist nötig!

Worüber wollen wir Gewissheit haben? Zunächst darüber, ob Gott wirklich lebt. Warum aber muss man dazu überhaupt von Jesus sprechen? Viele wollen doch gar nichts von Jesus, sie wollen über Gott Gewissheit haben.

Nun, das ist nicht zweierlei. Der lebendige Gott, Schöpfer und Richter der Welt, hat sich uns in Jesus Christus geoffenbart. Wenn es überhaupt Erkenntnis Gottes gibt, dann nur durch diesen Jesus. Entweder ist Jesus die Offenbarung Gottes, dann müssen wir Gewissheit über die Wahrheit seines Anspruchs haben, um über Gott Bescheid zu wissen. Oder er ist nicht die Offenbarung Gottes, dann kann man über Gott nur Vermutungen anstellen, dann muss man auf jede gewisse Aussage verzichten.

Wir haben ausführlich dargestellt, dass es keine Erkenntnis Gottes gibt, solange ich wie ein unbeteiligter Zuschauer Abstand von Gott halte. Gott gegenüber seien Erkenntnis und Anerkenntnis ein und derselbe Akt, hat der Theologe Helmut Gollwitzer geschrieben.[10]

Ich brauche nicht nur Gewissheit, dass Gott existiert, sondern auch darüber, wie er zu mir steht. Ist er mein Freund oder mein Feind? Wie denkt er über mein Leben? Ich muss Gewissheit gewinnen, wie ich im Frieden mit Gott leben kann.

Bei dieser Frage ziehen sich viele wieder in den religiösen Nebel zurück. „Vergebung der Sünden? Da kann man doch nur auf Gottes

---

10 ausgeführt in Helmut Gollwitzer, Die Existenz Gottes im Bekenntnis des Glaubens, 3. Auflage, München 1964

Barmherzigkeit hoffen, das kann man doch nicht sicher wissen!" – „Es ist doch eine Anmaßung, Sicherheit haben zu wollen." – So oder ähnlich sagen viele. Aber ich darf und muss diese Fragen stellen: Habe ich Frieden mit Gott? Sind mir alle meine Sünden, die mich von Gott trennen, vergeben? Bin ich von Gott als Kind angenommen? Und jeder kann eine sichere Antwort bekommen. Es gibt einen Grund für die Vergebung unserer Schuld, der uns ganz gewiss macht. Und es gibt einen Zeugen, der uns die Gewissheit vermittelt, die wir uns selber nicht zusprechen können.

Wenn wir wissen wollen, ob unsere Schuld vergeben ist, müssen wir auf das Kreuz von Jesus Christus blicken. „Denn also hat Gott die Welt geliebt..." (Johannes 3,16) – „Siehe, das ist Gottes Lamm, das der Welt Sünde trägt" (Johannes 1,29)!

Der Verzicht auf Gewissheit der Vergebung der Sünden kommt einer Beschuldigung Gottes gleich, als hätte er nicht genug getan. In dem Gekreuzigten hat uns Gott auf eindringliche Weise vor Augen gestellt, wie er über uns denkt, was er mit uns und unserer Schuld tun will. Wollen wir da immer noch sagen: „Genau wissen kann man es nicht, woran wir mit Gott sind."?

Im Neuen Testament tritt uns strahlende Gewissheit entgegen. Paulus sagt: „Wer will verdammen? Christus Jesus ist hier, der gestorben ist, ja vielmehr, der auch auferweckt ist, der zur Rechten Gottes ist und uns vertritt" (Römer 8,34). Und Johannes: „Das Blut Jesu, seines Sohnes, macht uns rein von aller Sünde" (1. Johannes 1,7). Dass Jesus am Kreuz gestorben ist, ist keine unsichere Vermutung. Es ist eine Tatsache. Und so real wie die Kreuzigung, so real ist die Vergebung.

Nun reicht es aber auch nicht, dass jemand mich auf diese Tatsache des Kreuzes hinweist. Die Gewissheit muss wirklich meine Gewissheit werden. Ich will mir das doch nicht nur einbilden.

Es gibt einen zuverlässigen Zeugen, der uns diese persönliche Gewissheit vermittelt. Paulus sagt in Römer 8,16: „Der Geist [Gottes] selbst gibt Zeugnis unserm Geist, dass wir Gottes Kinder sind." – Hier liegt der Schlüssel zur persönlichen Gewissheit. Der Geist Gottes tritt als Zeuge neben meinen Geist und spricht mir zu, was am Kreuz für alle und auch für mich geschehen ist. Der Heilige Geist ist es, der uns sozusagen das Licht anschaltet, damit wir das Kreuz von Jesus richtig sehen können. Nämlich so, dass wir begreifen: Dort stirbt Jesus für mich, und damit sind alle meine Schulden ausgelöscht. Wer dies für sich begreift, der erlebt ein Wunder des Heiligen Geistes.

Möglicherweise wird einer einwenden: Leider habe ich den Heiligen Geist augenscheinlich nicht. Wie soll ich Gewissheit bekommen?

Nun, den Heiligen Geist bekommt man nicht willkürlich oder zufällig wie das große Los, das nur wenigen zufällt. Jesus gibt uns in Lukas 11,9–13 die Antwort: Ein menschlicher Vater wird seinem Sohn, der ihn um Brot bittet, keinen Stein geben. Das ist in der Regel so. Nun zieht Jesus die entscheidende Konsequenz: „Wenn nun ihr, die ihr böse seid, euren Kindern gute Gaben geben könnt, wie viel mehr wird der Vater im Himmel den Heiligen Geist geben denen, die ihn bitten." – Das ist eine klare Zusage. Entschuldigen wir uns also nicht, wo es keine Entschuldigung gibt. Auf unsere Bitte hin will Jesus uns den gewiss machenden Zeugen schicken.

Auf den Weg gebracht?

Zum Abschluss dieses ersten Teils richten wir die Aufmerksamkeit noch einmal auf das zentrale Wort von Jesus: „Ich bin der Weg und die Wahrheit und das Leben; niemand kommt zum Vater außer durch mich" (Johannes 14,6). Dieses Wort ist, wie wir gesehen haben, nicht die einzige Begründung für das absolute Angebot und den absoluten Anspruch von Jesus Christus, aber es bringt alle Fragen, die wir in diesem Zusammenhang stellen, auf den Punkt.

Es wäre allerdings ein Widerspruch in sich selbst, würden wir aus der Botschaft von Jesus einen Standpunkt machen. Er ist der Weg. Er möchte also, dass wir auf diesem Weg gehen. Das ist etwas ganz Anderes, als auf einem christlichen Standpunkt zu verharren. Wenn wir uns auf Jesus einlassen, kommt nicht nur in unser Denken, sondern auch in unser Leben Bewegung.

Bevor die Bezeichnung „Christen" erfunden wurde, nannte man die Nachfolger von Jesus Christus offensichtlich „die des Weges sind" – die Leute des Weges. Die neue Lebensausrichtung im Vertrauen und Gehorsam Jesus Christus gegenüber war das augenfällige Merkmal dieser Menschen. So ist es auch heute.

2. Teil Die Auseinandersetzung mit dem Islam

Was im ersten Teil entfaltet wurde, möchte ich jetzt vertiefen und präzisieren, indem ich das Gespräch mit dem Islam suche. Es geht mir vor allem darum, die Aussagen des Korans über Jesus zu lesen und zu verstehen. Aus diesem Blickwinkel werden wir auch die Aussagen der Bibel über Jesus mit neuer Schärfe sehen.

Islam im Überblick

Vorab möchte ich einen gerafften Überblick über einige historische und inhaltliche Angaben zum Islam geben, damit wir die Aussagen über Jesus im Zusammenhang verstehen können.

Mohammed wurde um 570 n. Chr. in Mekka geboren. Im Jahr 610, in der „Nacht der Bestimmung" habe er – so die islamische Tradition – die erste Offenbarung von Gott empfangen. Dieses Ereignis wird am Ende des Fastenmonats Ramadan als „Herabsendung des Korans" gefeiert. Mohammed predigte zunächst in Mekka, stieß aber auf Widerstand und zog im Jahr 622 mit seinen Anhängern in die Stadt Jathrib, genannt Medina (Stadt des Propheten). Dieser Auszug wird als Hidschra bezeichnet. In Medina war Mohammed nicht nur Prophet, sondern auch das politische Oberhaupt der Stadt. Nach einem zunächst friedlichen Miteinander von Juden und Christen kam es zum Konflikt. Mohammed änderte daraufhin die Gebetsrichtung nach Mekka, die ursprünglich nach Jerusalem ausgerichtet war.

Im Jahr 624 kam es zu einer militärischen Auseinandersetzung mit den überlegenen Truppen von Mekka. Mohammed führte die Kämpfer von Medina an und gewann die Schlacht bei Badr. Der Sieg wurde von ihm und seinen Anhängern als wunderbare Bestätigung Mohammeds durch Gott gewertet. 630 nahm Mohammed

Mekka ein und reinigte das Heiligtum der Kaaba von Götzenkulten. Seitdem ist die Kaaba die zentrale Gebetsstätte des Islam. Hier soll nach islamischem Glauben bereits Abraham (Ibrahim) den einen Gott angebetet haben.

Mohammed starb im Jahr 632.

Die Botschaft Mohammeds ist einfach und klar: Er predigt die Umkehr zu dem einen Gott und gegen die Sünde der Vielgötterei. Er verkündet Ehrlichkeit und Gerechtigkeit und die Rechtsordnungen für die „umma", die Gemeinschaft der Gläubigen, als Gebote Gottes.

Der Koran wird als direkte Offenbarung von Gott verstanden. Er enthält 114 Suren (Kapitel), die von der zweiten Sure an der Länge nach angeordnet sind. Der Koran beinhaltet dogmatische Aussagen, gesellschaftliche Ordnungen und sittlich-ethische Maßstäbe. Die im Jahr 653 durch den Kalifen Uthman herausgegebene Fassung des Korans gilt den Muslimen als einzig gültige und der göttlichen Offenbarung entsprechende.

Die göttliche Inspiration des Korans erweist sich nach islamischem Verständnis darin, dass jede menschliche Mitwirkung ausgeschlossen war. Eine Einbeziehung der geschichtlichen Zusammenhänge in das göttliche Inspirationshandeln, wie es bei der Bibel vorausgesetzt wird (z. B. Briefe des Paulus an bestimmte Gemeinden), kennt der Islam nicht.

Der Islam beurteilt die Schriftbesitzer (Juden und Christen) in gewisser Weise positiver als andere religiöse Anschauungen. Mose (Musa) und Jesus (Isa) haben nach islamischem Verständnis wie Mohammed Schriften von Gott geoffenbart bekommen. Mose die Tora (Taura), Jesus das Evangelium (Indschil). Die Schriften, die Juden und Christen lesen, sind nach islamischer Vorstellung allerdings Fälschungen. Gott hat Mohammed, dem Siegel der Propheten, den wahren Inhalt neu und endgültig geoffenbart.

Das Wort „Islam" bedeutet Hingabe an den einen Gott. Muslime sind also die Gott Hingegebenen.

Die Gebote Gottes, die Scharia, erkennen die Muslime aus zwei Quellen. Zuerst aus dem Koran. Dann aber auch aus der Sunna, der Lebenspraxis des Propheten und seiner engsten Gefährten. In meist kurzen Zitaten, den Hadithen, wird diese Überlieferung vermittelt. Die bis heute verbindliche Sammlung der Hadithe wurde im 9. Jahrhundert fertig gestellt. Um den Willen Gottes aus diesen beiden Quellen für die jeweilige Situation zu erkennen, kennt man zwei Instrumente, den Gebrauch der Vernunft (idschtihad) und den Konsens der Gelehrten (idschma). Allerdings rivalisieren verschiedene Rechtsschulen mit unterschiedlichen Einflussbereichen miteinander.

Es gibt eine Vielzahl muslimischer Gruppierungen. Die wichtigste Unterscheidung ist die zwischen Sunniten und Schiiten. Sie geht auf die Trennung durch Ali zurück. Die Schiiten sehen sich als Partei Alis (Schi'at Ali). Ali, Neffe und Schwiegersohn Mohammeds, war fünf Jahre lang Nachfolger des Propheten, also Kalif. Im Jahr 661 wurde er ermordet. Seine Söhne Hassan und Hussein, seine Nachfolger, wurden später ebenfalls ermordet und werden bis heute als Märtyrer verehrt. Die Schiiten forderten, dass der Nachfolger des Propheten aus der Familie Mohammeds stammen müsse. Die Sunniten lehnten diese Bestimmung ab. Ihre Führung wurde nach dem Tode Mohammeds von den Omayyaden in Damaskus übernommen. Die Unterschiede zwischen Sunniten und Schiiten liegen im Verständnis der Leitungsämter, aber auch darüber hinaus in einer unterschiedlichen Auslegung des Korans und in einer unterschiedlichen Rechtsprechung.

Das Gesetz Gottes, die Scharia, ist nach islamischem Verständnis nicht nur Gebot für den einzelnen Gläubigen, sondern auch bindendes Gesetz für den Staat, in dem die Muslime leben. Muslime unterscheiden drei unterschiedliche Zustände hinsichtlich der Umsetzung der Scharia: Erstens das „Haus des Islam", in dem die Scharia die staatliche Gesetzgebung wesentlich bestimmt, zweitens das „Haus des Krieges", in dem die Scharia noch nicht gilt und das letztendlich dem islamischen Herrschaftsanspruch unterworfen werden soll, und drittens das „Haus des Vertrages", in dem Teile der Scharia zur Geltung gekommen sind. Es geht dem Islam also nicht nur um die Bekehrung Einzelner, sondern vorrangig um die Bestimmung der gesellschaftlichen Regeln. Im Sinne des Islam ist Religion nie Privatsache, sie soll das soziale und politische Leben der Gemeinschaft bestimmen.

Noch ein Hinweis zum Begriff „Dschihad", dem heiligen Krieg. Unter diesem Begriff werden alle Anstrengungen, eine islamische Weltordnung aufzubauen, zusammengefasst. In der islamischen Mystik wurde der Dschihad als geistlicher Kampf verstanden. Das wird er auch heute von vielen Muslimen, die in Abgrenzung zur faktischen islamischen Gewalt nur geistliche und geistige Anstrengungen als legitim ansehen. Es lässt sich aber nicht leugnen, dass von Anfang an auch militärische Gewalt ein legitimes Mittel war, den Islam zu sichern und auszubreiten. Mohammed selbst war seit der Hidschra nach Medina politischer Führer und seit der Schlacht von Badr 624 auch militärischer Befehlshaber.

Glauben wir an denselben Gott?

Historisch gibt es deutliche Beziehungen zwischen Judentum, Christentum und Islam. Sie beziehen sich alle drei auf Abraham. Zu prüfen ist, ob das nur eine formale oder auch eine inhaltlich übereinstimmende Bezugnahme ist. Ich konzentriere mich schwerpunktmäßig auf die Darstellung von Jesus im Koran, um zu sehen, wo die Gemeinsamkeiten und Unterschiede zwischen Islam und christlichem Glauben im Blick auf das Bekenntnis zu Gott liegen.

Es wird manchen Leser überraschen, wie viel der Koran über Jesus zu sagen hat und wie groß die Wertschätzung von Jesus im Islam ist. In der Tat haben Muslime gegenüber den Christen den Anspruch, die bessere, nämlich zutreffende Information über Jesus zu besitzen. Das soll im Folgenden gezeigt werden.

Jesus, der Prophet

Jesus ist nach dem Koran ein Prophet (arabisch: nabi) und ein Gesandter Gottes (arabisch: rasul). Die 2. Sure legt den Muslimen ein Bekenntnis in den Mund, das folgendermaßen lautet[11]:

„Sagt: Wir glauben an Gott und (an das), was (als Offenbarung) zu uns und was zu Abraham, Ismael, Isaak, Jakob und den Stämmen (Israels) herabgesandt worden ist und was Mose und Jesus und die Propheten von ihrem Herrn erhalten haben, ohne dass wir bei einem von ihnen (den anderen gegenüber) einen Unterschied machen" (Sure 2,136).

Jesus steht in der langen Reihe der Gesandten, die Gott den verschiedenen Stämmen der Menschheit geschickt hat. Von Adam bis zu Zacharias, dem Vater von Johannes dem Täufer, und über Jesus bis Mohammed geht die Reihe. Die meisten dieser Gesandten sind Männer, die uns aus dem Alten und Neuen Testament bekannt sind. Nur einige entstammen der außerbiblischen, arabischen Tradition. Grundsätzlich sind diese Gesandten ranggleich, wie der zitierte Vers deutlich ausspricht. Weitere Prophetenlisten finden sich in Sure 4,163, Sure 6,84–86 und Sure 33,7.

Gegenüber dem Anspruch der Christen, dass Jesus eine Sonderstellung gebühre, betont Sure 5,75: „Christus, der Sohn der Maria, ist nur ein Gesandter. Vor ihm hat es schon (verschiedene andere) Gesandte gegeben." Fragen wir nun, was sich hinter dem Titel „Pro-

---

11 Die Übersetzung des Korans aus dem arabischen Original ins Deutsche bereitet große Probleme. Wir zitieren hier den Koran nach der deutschen Übersetzung von Rudi Paret (Der Koran, Übersetzung von Rudi Paret, Stuttgart 1963). – Weil die Ausdrucksweise des arabischen Korans oft abgekürzt ist und eine Wort-für-Wort-Übersetzung ins Deutsche unverständlich wäre, fügt Paret in Klammern die zum Verständnis notwendigen Bindeglieder ein. „Der Gesamttext ist so formuliert, dass das, was außerhalb der Klammern steht, im Wesentlichen den eigentlichen Wortlaut des Originals wiedergibt. Der Leser muss sich aber darüber klar sein, dass die eingeklammerten Textpartien nicht eigentlich zum Original gehören, sondern Zusätze des Übersetzers sind, und dass hier immer mit Interpretationsfehlern oder wenigstens mit noch anderen Möglichkeiten der Deutung gerechnet werden muss", schreibt Paret über seine Übersetzung in der Einleitung (S. 3). – Nur in einzelnen Fällen ziehen wir die deutsche Übersetzung von Ullmann/Winter und die englische Übersetzung von A. J. Arberry, The Koran Interpreted, vergleichsweise hinzu.

phet", „Gesandter" verbirgt. Was sind die typischen Kennzeichen eines Gesandten Gottes nach dem Koran?

Die Botschaft der Propheten

Das Wesentliche am Propheten ist seine Botschaft. Alle Propheten, die der Koran kennt, haben dieselbe Botschaft. Sie verkündigen, dass es nur einen Gott gibt, und kämpfen gegen den Götzendienst. Sie verkündigen den kommenden Tag des Weltgerichtes Gottes und sie lehren die Verrichtung des Gebets und das Almosengeben.

In der dritten und der neunzehnten Sure wird ausführlich über die Geburt von Jesus berichtet. Dort werden auch wesentliche Bestandteile seines Prophetenamtes aufgezählt. Das Kind Jesus spricht in der Wiege: „Ich bin der Diener Gottes. Er hat mir die Schrift gegeben und mich zu seinem Propheten gemacht. Und er hat... mir das Gebet... (zu verrichten) und die Almosensteuer... (zu geben) anbefohlen, solange ich lebe..." (Sure 19,30f). In dem „Ich bin der Diener Gottes" drückt sich das Bekenntnis zu dem einen Gott aus. An anderer Stelle, die wir später zitieren werden, bezeichnet es Jesus ausdrücklich als seine Botschaft, die Einzigkeit Gottes zu verkündigen. Gebet und Almosen werden in unserer Stelle auch erwähnt.

Für einen Christen ist es erstaunlich zu lesen, dass Gott Jesus selbst ein Buch offenbart habe. Im Neuen Testament erfahren wir davon nichts. Hingegen macht das Neue Testament deutlich, dass in der Person von Jesus Christus der lebendige Gott selbst sich offenbart. Die Bibel ist demgegenüber etwas Sekundäres; sie ist das dokumentarische Zeugnis davon, dass Gott in Jesus Mensch geworden ist. Aber zu einem richtigen Propheten im islamischen Sinne gehört, dass ihm von Gott ein Buch geoffenbart wird.

Nach koranischer Auffassung bekam Jesus von Gott das Buch des Evangeliums, so wie Mose die Thora, das Gesetz, und wie schließlich und endgültig Mohammed den Koran. Allerdings sind nach islamischer Überzeugung das Alte und das Neue Testament von Juden und Christen gefälscht worden. Wenn man ihren ursprünglichen Inhalt wissen will, muss man den Koran lesen. Damit ist jede Argumentation auf Grundlage der Bibel für Muslime unannehmbar.

Wie alle Propheten, so hat auch der Prophet Isa (das ist die koranische Form des Namens Jesus) vor allem die Verehrung des einen Gottes, die Verrichtung des Gebets und das Almosengeben gepredigt.

Indem der Koran also die biblischen Gestalten als Propheten übernimmt, werden sie entsprechend der zentralen Botschaft des Islam verändert und vereinheitlicht. Wohin die Botschaft der Propheten, deren „Siegel" Mohammed ist, zielt, das spiegelt sich in den religiösen Pflichten der Muslime wider. Diese Pflichten sind zusammengefasst in den fünf Säulen des Islam.

Die erste Säule ist die Rezitation des Bekenntnisses zu dem einen und einzigen Gott. Aller Götzendienerei wird der Kampf angesagt. Fünfmal am Tag ruft der Muezzin von seinem Minarett: „Gott ist der Größte. Es ist kein Gott außer Gott..." (La-ilaha-illa-Allah). Dies ist das Grunddogma des Islam. Die Fortführung „... und Mohammed ist sein Gesandter" ist so etwas wie die Sicherung des Bekenntnisses zu dem einen Gott. Gegen alle Verfälschungen des Monotheismus ist durch Mohammed die endgültige Offenbarung von dem einzigen Gott gekommen.

Die zweite Säule ist das Gebet. Der Muezzin ruft die Gläubigen fünfmal am Tag zum Gebet. Die Gebete sind mit vorhergehenden Waschungen verbunden und von Körperhaltungen und Gesten begleitet, die genau vorgeschrieben sind. Das Einhalten der Gebetszeiten ist für den Muslim verpflichtend.

Die dritte Säule ist das Almosengeben, das durch eine Almosensteuer geregelt ist, die an die Moschee abgeliefert wird. Es können natürlich auch freiwillige Almosen gegeben werden. Das zusätzliche Almosen (arabisch: sadaka) ist allerdings von dem gesetzlich geregelten (zakat) zu unterscheiden. Die beiden arabischen Wörter können aber auch synonym gebraucht werden.

Die vierte Säule ist der Fastenmonat Ramadan, in dem der Muslim von Sonnenaufgang bis Sonnenuntergang nicht isst und trinkt und sich auch anderer Genüsse enthält.

Die fünfte Säule ist der Hadsch, die Pilgerfahrt nach Mekka in einem bestimmten heiligen Monat. Diese Pilgerfahrt sollte jeder Muslim wenigstens einmal in seinem Leben durchführen. Es gibt unter bestimmten Voraussetzungen auch Ausnahmen und Erleichterungen für die Ausübung dieser Pflichten.

Prophet für Israel

Gott hat seine Propheten zu allen Stämmen gesandt. Der letzte Prophet – Mohammed –wurde zu den Arabern gesandt. Er hat aber zugleich auch universale Bedeutung, weil er die endgültige Offenbarung Gottes gebracht hat.

Auch Jesus hat nach dem Koran einen beschränkten Auftrag für ein Volk, nämlich für Israel. In Sure 19,16–34 heißt es folgendermaßen:

„Und gedenke in der Schrift der Maria ...! (Damals) als sie sich von ihren Angehörigen an einen östlichen Ort zurückzog! Da nahm sie sich einen Vorhang, (um sich) vor ihnen (zu verbergen). Und wir sandten unseren Geist zu ihr. Der stellte sich ihr dar als ein wohlgestalteter Mensch. Sie sagte: ‚Ich suche beim Erbarmer Zuflucht vor dir. (Weiche von mir) wenn du gottesfürchtig bist.‘ Er sagte: ‚(Du brauchst keine Angst vor mir zu haben.) Ich bin doch der Gesandte deines Herrn. (Ich bin von ihm zu dir geschickt), um dir einen lauteren Jungen zu schenken.‘ Sie sagte: ‚Wie sollte ich einen Jungen bekommen, wo mich kein Mann berührt hat und ich keine Hure bin?‘ Er sagte: ‚So (ist es, wie dir verkündet wurde). Dein Herr sagt: Es fällt mir leicht (dies zu bewerkstelligen). Und (wir schenken ihn dir,) damit wir ihn zu einem Zeichen für die Menschen machen und weil wir (den Menschen) Barmherzigkeit erweisen wollen. Es ist eine beschlossene Sache.‘ Da war sie nun schwanger mit ihm (d. h. dem Jesusknaben). Und sie zog sich mit ihm an einen fernen Ort zurück. Und die Wehen veranlassten sie, zum Stamm der Palme zu gehen. Sie sagte: ‚Wäre ich doch vorher gestorben und ganz in Vergessenheit geraten...!' Da rief er (d.h. der Jesusknabe) ihr von unten her zu: ,Sei nicht traurig! Dein Herr hat unter dir ein Rinnsal ... (voll Wasser) gemacht. Und schüttle den Stamm der Palme, (indem du ihn) an dich (ziehst)! Dann lässt sie saftige, frische Datteln auf dich herunterfallen. Und iss und trink und sei frohen Mutes! Und wenn du (irgend)einen von den Menschen ... siehst, dann sag: Ich habe dem Barmherzigen ein Fasten gelobt. Darum werde ich heute mit keinem menschlichen Wesen sprechen.'

Dann kam sie mit ihm zu ihren Leuten, indem sie ihn (auf dem Arm) trug. Sie sagten: ,Maria! Da hast du etwas Unerhörtes ... begangen. Schwester Aarons! Dein Vater war doch kein schlechter Kerl und deine Mutter keine Hure.' Da wies sie auf ihn. Sie sagten: ,Wie sollen wir mit einem sprechen, der als kleiner Junge (noch) in der Wiege ... liegt?' Er (d.h. der Jesusknabe) sagte: ,Ich bin der Diener Gottes. Er hat mir die Schrift gegeben und mich zu einem Propheten gemacht. Und er hat gemacht, dass mir, wo immer ich bin, (die Gabe des) Segen(s) verliehen ist ..., und mir das Gebet ... (zu verrichten) und die Almosensteuer ... (zu geben) anbefohlen, solange ich lebe, und (dass ich) gegen meine Mutter pietätvoll (sein soll). Und er hat mich nicht gewalttätig und unselig ... gemacht. Heil ... sei über mir am Tag, da ich geboren wurde, am Tag, da ich sterbe, und am Tag, da ich (wieder) zum Leben auferweckt werde.' Solcher Art ist Jesus, der Sohn der Maria ...'"

Aus Sure 3 seien noch die Verse 45 und 47 als Ergänzung hinzugefügt:

„(Damals) als die Engel sagten: ,Maria! Gott verkündet dir ein Wort ... von sich, dessen Namen Jesus Christus, der Sohn der Maria, ist! Er wird im Diesseits und im Jenseits angesehen ... sein, einer von denen, die (Gott) nahe stehen ...' Sie sagte: ,Herr! Wie sollte ich ein Kind bekommen, wo mich (noch) kein Mann berührt hat?' Er sagte: ,Das ist Gottes Art (zu handeln). Er schafft, was er will. Wenn er eine Sache beschlossen hat, sagt er nur: sei!, dann ist sie.'"

Die Zitate sprechen für sich. Ich möchte nur einige Hinweise dazu geben: Gott sagt von der Sendung von Jesus: „... damit wir ihn zu einem Zeichen für die Menschen machen und weil wir (den Menschen) Barmherzigkeit erweisen wollen" (Sure 19,21). Ist dieser Satz nicht nah mit der biblischen Aussage verwandt, dass in Jesus Gottes Liebe zu uns kommt? „So sehr hat Gott die Welt geliebt, dass er seinen eingeborenen Sohn gab..." (Johannes 3,16). Nun sagt aber das Neue Testament, dass Jesus am Kreuz für unsere Sünden gestorben ist. Sein Sterben ist die Tat der Liebe Gottes! Dies spricht der Koran nicht mehr nach. Man wird ihn so verstehen müssen: Wenn Gott seinen Gesandten schickt, damit er den Menschen den Willen Gottes verkündet, ihnen den Weg zeigt, dann ist das ein Akt der Barmherzigkeit Gottes.

Es sei noch betont, was dem Leser sicher schon aufgefallen ist: Der Koran redet in der gleichen Weise von Gottes Schöpfertätigkeit wie die Bibel: „Wenn er eine Sache beschlossen hat, sagt er zu ihr nur: sei!, und dann ist sie" (Sure 3,47). Im Schöpfungsbericht 1. Mose 1,3 heißt es: „Und Gott sprach: Es werde Licht! Und es ward Licht." Oder in Psalm 33,9: „Denn wenn er spricht, so geschieht's; wenn er gebietet, so steht's da."

Wie kann man sich die Verbindung zwischen dem 600 Jahre älteren biblischen Text Lukas 1,26–38 (Ankündigung der Geburt gegenüber Maria) und dem koranischen vorstellen? Das führt uns an einen schwierigen Punkt im Gespräch mit dem Muslim. Nach dem Selbstverständnis des Korans kommen diese Worte ja direkt von Gott zu Mohammed. Wenn also Unterschiede zu anderen Berichten auftreten, können die anderen nur falsch sein.

Nun können wir nicht vermeiden, auf folgenden Sachverhalt hinzuweisen: Bibeln waren im 7. Jahrhundert – also in der Zeit, in der Mohammed lebte – noch lange nicht in jedermanns Hand. Die erste Bibel wurde erst im 15. Jahrhundert gedruckt und dann noch lange nicht in arabischer Sprache. Die handgeschriebenen Bibeln waren selten und für den normalen Bürger unerschwinglich teuer. Die Christen hörten die biblischen Texte im Gottesdienst. Sie lernten die Texte auswendig und sagten sie aus dem Gedächtnis weiter.

Auf diesem Wege dürfte auch Mohammed biblische Geschichten gehört haben. Auf seinen Karawanenreisen als Kaufmann mit seinem Onkel und im Handelsgeschäft der reichen Dame Chadidscha, die dann seine erste Frau wurde, wird er mit Christen zusammengetroffen sein. So kannte Mohammed im Groben die biblischen Geschichten, die er weitergab. Einzelheiten dagegen weichen wegen seiner nicht allzu genauen Kenntnis der Texte ab. Gespräche sowie Reden wurden im Sinne der koranischen Botschaft neu gestaltet. Ein Vergleich des oben zitierten Textes mit den Berichten in Lukas 1 und 2 mag das veranschaulichen.

Auf folgende Möglichkeit muss aber noch ergänzend hingewiesen werden: Mohammed könnte andere als die neutestamentlichen Geburtsgeschichten schon von Christen übernommen haben. In so genannten apokryphen Schriften (nicht zum Kanon des Neuen Testaments gehörig, meist sektiererisches Schrifttum umfassend) wird z. B. berichtet, das Jesuskind habe aus der Wiege zur Rechtfertigung seiner Mutter gesprochen.

Diese Geschichten der apokryphen Evangelien sind aus dem populären Verlangen nach wunderhafter Ausmalung der neutestamentlichen Berichte entstanden. Daher werden sie auch im mündlichen Umlauf gewesen sein. Und es ist nicht ausgeschlossen, dass die Christen Syriens oder Arabiens sie gekannt und an Mohammed übermittelt haben.

Die Wunder von Jesus

Wir stehen immer noch im Zusammenhang der Frage: Ist Jesus mehr als ein Prophet? Lesen wir dazu Sure 2,253: „Das sind die (Gottes)gesandten (der früheren Generationen und Volksgemeinschaften). Wir haben die einen von ihnen vor den anderen (durch besondere Gnadenerweise) ausgezeichnet. Mit einem von ihnen (oder: mit einigen von ihnen) hat Gott (unmittelbar) gesprochen. Einigen von ihnen hat er einen höheren Rang verliehen (als den anderen). Und Jesus, dem Sohn der Maria, haben wir die klaren Beweise… gegeben und ihn mit dem heiligen Geist gestärkt."

Nach dieser Stelle ist Jesus zwar nicht mehr als ein Prophet, aber er hat unter den Propheten einen besonderen Rang. Es wird in der Mehrzahl geredet: „Einigen von ihnen hat er einen höheren Rang verliehen." Aber dann ist nur von Jesus die Rede. Bei grundsätzlicher Ranggleichheit der Gesandten ist Jesus doch der am meisten Bevorzugte. Das drückt sich besonders in seinen Wundern aus. Die Wunder sind nämlich gemeint, wo der Text von „klaren Beweisen" spricht.

Welche Wunder tat Jesus nach dem Koran?

In Sure 5,110 redet Gott Jesus an: „... und (damals) als du mit meiner Erlaubnis aus Lehm etwas schufst, was so aussah wie Vögel, und in sie hineinbliesest, sodass sie mit meiner Erlaubnis (schließlich wirkliche) Vögel waren, und (als du) mit meiner Erlaubnis Blinde und Aussätzige heiltest, und als du mit meiner Erlaubnis Tote (aus dem Grab wieder) herauskommen ließest."

In dem schon oben zitierten Zusammenhang der Sure 3 spricht Jesus selber in der Zukunftsform von den Wundern, die er tun wird. Dort steht sogar die Mehrzahl, wo in Sure 5 die Einzahl steht: „Und ich werde mit Gottes Erlaubnis Blinde und Aussätzige heilen und Tote (wieder) lebendig machen" (Sure 3,49).

Der Bibelleser erkennt sofort, dass hier die Hauptwunder von Jesus genannt sind. Die Heilung eines Blindgeborenen wird ausführlich in Johannes 9 erzählt, von der Heilung zweier Blinder bei Jericho berichtet Matthäus 20,29–34. Die Heilung eines Aussätzigen finden wir in Markus 1,40–45, die Heilung der zehn Aussätzigen in Lukas 17,11–19. Vom Tode erweckt Jesus den Jüngling zu Nain (Lukas 7,11–17), die Tochter des Jairus (Markus 5,22–24.35–43) und den Lazarus (Johannes 11).

Das Tonvogelwunder

Wie verhält es sich mit dem Tonvogelwunder? Der Koran berichtet die Geschichten aus dem Leben seiner Propheten nur manchmal ausführlich. Meistens wird lediglich durch eine Andeutung auf die

Geschichte hingewiesen und es wird vorausgesetzt, dass der Leser die Geschichte selbstverständlich kennt.

Während die Geburt von Jesus ziemlich ausführlich geschildert wird – wenn auch abweichend von dem neutestamentlichen Bericht –, wird auf die Wunder von Jesus nur summarisch hingewiesen.

Die biblischen Evangelien berichten nichts von einem Tonvogel-Wunder von Jesus. Aber im 2. Jahrhundert n. Chr. und später sind sogenannte apokryphe Evangelien entstanden, die die Geschichte von Jesus noch einmal erzählen, um sie gewissen theologischen und religiösen Wünschen der Zeit anzupassen. Zu ihnen gehört die Kindheitserzählung des Thomas. Darin werden Wundergeschichten aus der Jugend von Jesus zwischen dessen fünftem und zwölftem Lebensjahr erzählt. Dort lesen wir folgende Geschichte:

„Als dieser Knabe Jesus fünf Jahre alt geworden war, spielte er an einer Furt eines Baches; das vorbeifließende Wasser leitete er in Gruben zusammen und machte es sofort rein; mit dem bloßen Worte gebot er ihm. Er bereitete sich weichen Lehm und bildete daraus zwölf Sperlinge. Es war Sabbat, als er dies tat. Auch viele andere Kinder spielten mit ihm. Als nun ein Jude sah, was Jesus am Sabbat beim Spielen tat, ging er sogleich weg und meldete dessen Vater Joseph: (‚Siehe, dein Knabe ist am Bach, er hat Lehm genommen, zwölf Vögel gebildet und hat den Sabbat entweiht.‘) Als nun Joseph an den Ort gekommen war und (es) gesehen hatte, da herrschte er ihn an: ‚Weshalb tust du am Sabbat, was man nicht tun darf?‘ Jesus aber klatschte in die Hände und schrie den Sperlingen zu: ‚Fort mit euch!‘ Die Sperlinge öffneten ihre Flügel und flogen mit Geschrei davon. Als aber die Juden das sahen, staunten sie, gingen weg und erzählten ihren Ältesten, was sie Jesus hatten tun sehen.“

Diese Kindheitserzählungen sind nicht damit zufrieden, dass Jesus sich so ganz menschlich entwickelt hat, wie es die neutestamentlichen Evangelien durch ihr Schweigen über diese Periode des Lebens von Jesus nahelegen. Sie wollen die Göttlichkeit von Jesus durch Wundergeschichten beweisen, die aber den biblischen Wunderberichten innerlich fremd gegenüberstehen. Allerdings werden diese

Geschichten seit ihrem Entstehen weit verbreitet gewesen sein. Es gibt eine syrische Übersetzung der Kindheitserzählungen des Thomas, auch artverwandte arabische Texte. Die Christen in Mohammeds Umgebung haben solche Berichte möglicherweise als richtige Verkündigung von Jesus betrachtet. Schon früher haben wir festgestellt, dass Mohammed nicht durch das Lesen der Bibel, sondern durch mündliche Vermittlung mit biblischen Berichten und auch solchen apokryphen Überlieferungen bekannt gemacht wurde.

Der Tisch vom Himmel

Der Koran kennt noch einen Wunderbericht, der sich so nicht in der Bibel findet: „(Damals) als die Jünger sagten: ‚Jesus, Sohn der Maria! Kann dein Herr uns (wohl) einen Tisch (mit Speisen)... vom Himmel herabsenden?‘ Er sagte: ‚Fürchtet Gott, wenn (anders) ihr gläubig seid (und verlangt keine besonderen Wunderzeichen?)!‘ Sie sagten: ‚Wir möchten von ihm essen und ganz sicher sein und Gewissheit (darüber) haben, dass du uns die Wahrheit gesagt hast, und (wir möchten) über ihn Zeuge sein.‘ Jesus, der Sohn der Maria, sagte: ‚Du, unser Gott und Herr...! Sende uns vom Himmel einen Tisch herab, der (mit seinem Mahl) für uns von jetzt an bis in alle Zukunft (?) (wörtlich: für den ersten und letzten von uns) eine Feier... und ein Zeichen von dir sein wird! Und beschere uns Gutes! Du kannst am besten bescheren.‘ Gott sagte: ‚Ich will ihn euch (nunmehr) hinabsenden. Und wenn einer von euch nachträglich nicht glaubt, werde ich ihn (dereinst) auf eine Weise bestrafen, wie (sonst) niemand in der Welt...‘" (Sure 1,112–115).

Nimmt der Koran hier auf ein in der Bibel berichtetes Ereignis Bezug? Auf welches? Ein Bearbeiter des Korans meint: „Es scheint... nichts anderes zu sein als das Abendmahl, das Mohammed auf seine Art darstellt".[12] Oder spiegelt sich hier der Bericht von der Speisung der Fünftausend wider (Johannes 6,1–15)?

---

12 Der Koran, Das heilige Buch des Islam, nach der Übertragung von Ludwig Ullmann, neu bearbeitet und erläutert von L. W.-Winter, Goldmanns Gelbe Taschenbücher 521/22, München 1964, S. 104, Anm. 46.

Zeichen und Wunder

Für unsere abschließenden Betrachtungen zu diesem Abschnitt ist eine Wendung aus diesem letzten Wunderbericht wesentlich: als „ein Zeichen von dir". Das Neue Testament, besonders das Johannesevangelium, redet von den Wundern von Jesus als Zeichen. Auch im Koran tritt dieser Begriff auf. Jesus sagt: „Ich bin mit einem Zeichen von eurem Herrn zu euch gekommen" (Sure 3,49), und dann werden seine Wunder aufgezählt.

Zeichen sollen Hinweise auf etwas sein. Im Neuen Testament und im Koran sollen sie darauf hinweisen, dass Jesus von Gott gesandt ist. Nun erhebt sich aber doch die Frage, ob der Koran die Zeichen nicht gerade so versteht, wie Jesus sie im Neuen Testament nicht verstanden wissen will. Jesus hat fünftausend Menschen auf wunderbare Weise satt gemacht, berichtet das Neue Testament. Wie war die Reaktion dieser Menschen?

„Als nun die Menschen das Zeichen sahen, das Jesus tat, sprachen sie: Das ist wahrlich der Prophet, der in die Welt kommen soll. Als nun Jesus merkte, dass sie kommen würden und ihn ergreifen, um ihn zum König zu machen, entwich er wieder auf den Berg, er selbst allein" (Johannes 6,14f).

Die Juden fassten das Wunder als einen Beweis der Beauftragung von Jesus durch Gott auf. Warum entzog sich Jesus ihnen dann?

Das Zeichen sollte offenbar noch etwas anderes zeigen, das die Leute nicht begriffen haben. Das drückt Jesus in der zweiten Begegnung mit dem Volk so aus: „Ihr sucht mich nicht, weil ihr Zeichen gesehen, sondern weil ihr von den Broten gegessen habt und satt geworden seid" (Johannes 6,26).

Die Juden haben nicht erkannt, dass Jesus das Brot des Lebens ist und dass sein Leib, der am Kreuz geschundene und getötete Leib, dieses Brot ist. Er bringt seine Hilfe nicht durch politisches Messiaskönigtum, wie das Volk es erwartete, sondern durch Leiden und Sterben. Darauf soll jedes Zeichen hinweisen. Die Zeichen im biblischen

Sinne weisen nicht nur auf Jesus hin, um allen Zuschauern zu demonstrieren: „Seht an, welche wunderbaren Kräfte dieser Mann hat! Das ist der Beweis, dass er aus Gottes Welt kommt. Deshalb müsst ihr glauben, was er sagt!" Das hätte Jesus am besten erreicht, wenn er sich – wie der Satan es von ihm wollte – von der Tempelzinne herabgeworfen und die staunende Menge im Tempel die wunderbare Kraft Gottes in ihm gesehen hätte (Matthäus 4,5–7). Aber das lehnt Jesus gerade ab.

Immer, wenn die Leute von ihm Wunder als Beweise fordern, weist Jesus diese Forderung ab (vgl. Matthäus 12,38ff). Die Zeichen weisen auf das Werk hin, wie Jesus es am Kreuz und durch die Auferstehung vollbringen wird. Er heilt, weil Leute in großer Not ihn verzweifelt darum bitten. Alle Wunder stehen im Zeichen der helfenden Liebe. Er heilt den Blinden und macht deutlich, dass er die Augen der Menschen, die für Gottes Wege und Willen blind sind, öffnen wird. Jesus spricht: „Ich bin zum Gericht in diese Welt gekommen, damit, die nicht sehen, sehend werden, und die sehen, blind werden" (Johannes 9,39).

Er ruft den Lazarus wieder aus dem Grab – der doch später wieder sterben wird –, um anzuzeigen, dass er, Jesus, „die Auferstehung und das Leben" (Johannes 11,25) ist. Am Kreuz und durch die Auferstehung wird er die Macht des Todes brechen. Also nicht nur durch die Tatsache ihres Geschehens, sondern durch das, was in ihnen geschieht, sind die Wunder Wegweiser zu Jesus und so verstanden Zeichen.

Wer dann zu Jesus geht, ihm sein Leben übergibt, bekommt Gewissheit geschenkt – sowohl Gewissheit über die Person von Jesus als auch Gewissheit über die eigene Rettung. Die Wunder sind keine tragenden Beweise, sondern wirklich nur Wegweiser.

Im Koran sollen die Wunder von Jesus Beweise seines wahren Prophetentums sein. Denn wir möchten „ganz sicher sein (wörtlich: [wir möchten] dass unser Herz sich beruhigt) und Gewissheit (darüber) haben, dass du uns die Wahrheit gesagt hast" (Sure 5,113), sagen die Jünger im Koran zu Jesus. So sieht es das Neue Testament nicht.

Allerdings deutet der Koran auch einmal an, dass die Wunder nur für den Beweise sind, der sie mit den Augen des Glaubens sieht, dass also die Wunder den Menschen zum Glauben hinführen und ihm nicht den Glauben abnehmen sollen.

„Darin liegt für euch ein Zeichen, wenn (anders) ihr gläubig seid" (Sure 3,49).

Der Tod von Jesus

Für den biblischen Glauben stehen Tod und Auferstehung von Jesus ganz im Mittelpunkt. Wir werden also besondere Aufmerksamkeit darauf verwenden, zu sehen, was der Koran über den Tod von Jesus sagt. In der Tat, hier sind wir am Grundproblem jedes Gesprächs zwischen Muslime und Christen angelangt.

Wir wollen zuerst die Verse des Korans ansehen, die die Kreuzigung von Jesus leugnen. In dem zu zitierenden Zusammenhang werden die Juden beschuldigt, sie hätten den Bund Gottes gebrochen, Gottes Gebote nicht gehalten und die Propheten getötet. Anklagend heißt es dann weiter: „... und weil sie ungläubig waren und gegen Maria eine gewaltige Verleumdung vorbrachten, und (weil sie) sagten: ‚Wir haben Christus Jesus, den Sohn der Maria und Gesandten Gottes, getötet.' Aber sie haben ihn (in Wirklichkeit) nicht getötet und (auch) nicht gekreuzigt. Vielmehr erschien ihnen (ein anderer) ähnlich (sodass sie ihn mit Jesus verwechselten und töteten). Und diejenigen, die über ihn uneins sind, sind im Zweifel über ihn. Sie haben kein Wissen über ihn, gehen vielmehr Vermutungen nach. Sie haben ihn nicht mit Gewissheit getötet. Nein, Gott hat ihn zu sich (in den Himmel) erhoben. Gott ist mächtig und weise" (Sure 4,156–158).

Wir müssen uns die Aussage dieses Textes erst einmal ganz klarmachen. Die arabische Wendung „shubbiha lahum" bedeutet wörtlich:

„wurde ihnen ähnlich gemacht".[13,14] Das lässt zwei Deutungsmöglichkeiten zu:
a) Sie haben eine Person gekreuzigt, die Jesus ähnlich war, oder
b) sie dachten, es wäre Jesus.

Die erste Deutung ist in ihrem Sinn sofort klar. Wer diese Person war, darüber gibt der Koran keine Auskunft. Auch die Ausleger sind sich nicht einig. Manchen zufolge war es ein Jünger, der freiwillig das äußere Aussehen von Jesus annahm (durch Gott verwandelt wurde), als Jesus zu Gott erhoben wurde. Andere denken, dass auf Judas im Augenblick des Verrates die äußere Gestalt von Jesus übertragen wurde, während Gott Jesus in den Himmel aufnahm.

Zur zweiten Deutung muss man eine Anmerkung machen. Schon sehr früh gab es in der Christenheit Gruppen, die nicht glauben konnten, dass Gottes Sohn wirklich so wehrlos in die Hände der Menschen gefallen sei, dass er wirklich so Grausames erlitten habe und getötet worden sei. Sie suchten einen Weg, um diesen Anstoß zu umgehen.

Ihre Lösung war folgende: Als der Sohn Gottes auf die Erde kam, hat er sich mit dem Menschen Jesus von Nazareth zu einer Personeinheit verbunden. Der Sohn Gottes hat den Menschen nur angezogen wie ein Kleid. Durch das ganze Leben hindurch bestand Jesus Christus sozusagen aus zwei Teilen. Bevor die Menschen aber Jesus ans Kreuz nagelten, verließ der himmlische Gottessohn seine menschliche Hülle Jesus von Nazareth wieder und ging in die Welt Gottes zurück. Den Juden schien es also nur so, als hätten sie den „ganzen" Jesus Christus gekreuzigt, in Wirklichkeit war es lediglich die unwichtige menschliche Hülle. Diese Anschauung nennt man „Doketismus" (abgeleitet von dem griechischen Wort „dokei" = es scheint).

---

13 Vgl. Der Koran, Übersetzung von Rudi Paret, München 1963, S. 48, Anm. 164.
14 Der Koran, Das heilige Buch des Islam, nach der Übertragung von Ludwig Ullmann, neu bearbeitet und erläutert von L. W.-Winter, Goldmanns Gelbe Taschenbücher 521/22, München 1964.

Wenn der Koran seine Aussage auch nicht in diesem doketischen Sinne der christlichen Sekten versteht (er will ja mit der Leugnung der Kreuzigung nicht die Gottessohnschaft von Jesus verteidigen), so ist doch eines deutlich: Die Leugnung der tatsächlichen Kreuzigung von Jesus fand Mohammed schon in der Kirchengeschichte vor.

Es gibt in einigen gnostischen Sekten des 2. Jahrhunderts n. Chr. auch Anschauungen, die der koranischen noch näher stehen. Z. B. glaubten manche, Simon von Kyrene, der das Kreuz von Jesus tragen musste (Matthäus 27,32), und Jesus hätten die Gestalt getauscht und Simon sei gekreuzigt worden. Ebenso gibt es die Anschauung, dass einer der Apostel an der Stelle von Jesus hingerichtet worden sei.

Es kann kein Zweifel daran bestehen, dass der Koran hier wirklich meint, Jesus sei nicht am Kreuz gestorben, sondern er sei von Gott dem Zugriff der Juden entrissen und in den Himmel aufgenommen worden.

Schwierigkeiten entstehen nun aber, weil an einigen Stellen im Koran vom Tod von Jesus geredet wird.

a) Sure 2,87 berichtet:
„Wir haben doch (seinerzeit) dem Mose die Schrift gegeben und nach ihm die (weiteren) Gesandten folgen lassen. Und wir haben Jesus, dem Sohn der Maria, die klaren Beweise ... gegeben und ihn mit dem Heiligen Geist gestärkt. Aber waret ihr (Juden) denn nicht jedes Mal, wenn ein Gesandter euch etwas überbrachte, was nicht nach eurem Sinn war, hochmütig und erklärtet ihn für lügnerisch oder brachtet ihn um?"

Auf den letzten Satz kommt es hier an. Es wird von zwei Gruppen von Propheten geredet, die einen wurden für lügnerisch erklärt, die anderen sogar umgebracht. Nun scheint es so, als ob Mose und Jesus je als Vertreter einer dieser Gruppen namentlich genannt werden. Da es im Fall des Mose auch nach dem Koran ganz offensichtlich ist, dass er von seinem Volk nicht umgebracht wurde, kommt er nur für die Gruppe als repräsentativ infrage, die des Betruges beschuldigt wurde. Dann steht Jesus als Beispiel für die, die getötet wurden. Diese Auslegung ist nahe liegend, wenn auch nicht ganz gesichert.

b) Ausdrücklich und unbezweifelbar wird in Sure 19,33 vom Tod von Jesus geredet. Jesus spricht dort selber: „Heil ... sei über mir am Tag, da ich geboren wurde, am Tag, da ich sterbe, und am Tag, da ich (wieder) zum Leben auferweckt werde!" Vier Auslegungsmöglichkeiten stehen zur Wahl:

aa) Die drei Stationen im Leben von Jesus sind dieselben wie im Leben jedes Menschen: der Tag seiner Geburt, der Tag seines natürlichen Todes und der Tag der Auferstehung der Toten zum Jüngsten Gericht.

bb) Die drei Stationen sind so verstanden, wie die Christen sie verstehen: Der Tag seiner Geburt ist in jedem Falle im gleichen Sinne gemeint. Der Tag seines Todes ist der Tag des Kreuzestodes und der dritte Tag ist der Tag der Auferweckung von Jesus aus dem Grabe an Ostern. Diese Deutung ist aber keine islamische Möglichkeit und scheidet deshalb aus.

cc) Die dritte Auslegungsmöglichkeit ist in der islamisch-theologischen Tradition vertreten worden: Der Tag der Geburt wird wieder so verstanden wie oben. Jesus ist nicht gestorben und auferstanden, wie die Christen glauben, sondern direkt in den Himmel hinweggenommen worden. Am Ende der Zeit nun wird Jesus wiederkommen und den Daggal, den „Lügner" (eine dem biblischen Antichristen entsprechende Figur der Endzeit), töten. Er wird dann auch sterben und in Medina begraben werden. Dieser Zeitpunkt soll in Sure 19 mit dem Tag seines Todes gemeint sein. Von diesem Tode wird ihn Gott wieder zum Leben auferwecken. Dies ist der dritte im Text genannte Tag.

dd) Allerdings ist auch noch folgende Auslegungsmöglichkeit in der theologischen Tradition des Islam vertreten worden: Der Tag seines Todes meint den Termin des natürlichen Todes von Jesus. Es muss dann vorausgesetzt werden, dass Jesus in veränderter äußerer Gestalt nach der Kreuzigung seines Doppelgängers weitergelebt hat und schließlich wie jeder Mensch gestorben ist. Daraufhin sei er von Gott in den Himmel erhoben worden. Allerdings ergeben sich dann Auslegungsschwierigkeiten mit Sure 4,157 und 158, wo deutlich gegenübergestellt wird: „Aber sie haben ihn (in Wirklichkeit) nicht getötet und (auch) nicht gekreuzigt." Und dann: „Nein, Gott hat ihn zu sich (in den Himmel) erhoben."

Sieht man nur die Texte des Korans an, so bemerkt man Differenzen und Spannungen hinsichtlich des Faktums des Todes von Jesus. Um die Frage unter rein historischen Gesichtspunkten zu beantworten, liefert der Koran nicht genügend Argumente. Die Frage verschiebt sich. Für den Koran sind die historischen Argumente nicht wichtig, sondern theologische Gründe, die gegen eine Kreuzigung von Jesus sprechen.

Islamische Gründe

Der Islamkundler Professor Kenneth Cragg hat das Problem des Todes von Jesus einmal mündlich unter drei Fragen abgehandelt:
a) Did it happen?
   Ist es geschehen? (Historischer Gesichtspunkt)
b) Should it happen?
   Sollte es nach moralischen Gesichtspunkten geschehen?
c) Need it happen?
   Ist es unter theologischen Gesichtspunkten notwendig, dass es geschieht?

Die erste Frage wird beantwortet: Nein, es ist nicht geschehen. Der Koran leugnet nicht, dass die Juden Jesus kreuzigen wollten, er verneint auch nicht, dass Jesus bereit war, den Kreuzestod zu sterben. Aber es wird geleugnet, dass die Kreuzigung von Jesus durchgeführt wurde und zudem noch als ein Werk Gottes verstanden werden kann.

Die Christen verstehen den Kreuzestod von Jesus als ein Werk Gottes für die Menschen. Für den Muslim ist es schon unmöglich zu glauben, dass Gott diesen Tod zugelassen hat. Die Ehre Gottes steht auf dem Spiel. Sehr bemerkenswert ist ein begründender Satz, der in Sure 4,158 der Verneinung der Kreuzigung folgt: „Gott ist mächtig und weise." Deshalb können die Juden den Mord des Gesandten nicht vollbracht haben.

Den Charakter des Gesandten Gottes wollen wir uns mit einem Vergleich verdeutlichen. Der Botschafter der USA in Moskau ist Repräsentant des amerikanischen Präsidenten. Alles, was diesem Botschafter von der Regierung Russlands gesagt und angetan wird, wird eigentlich dem amerikanischen Präsidenten direkt gesagt und angetan. Sollte der Botschafter beleidigt werden, so würde der Präsident beleidigt. Ein Staatschef wird – wenn er die ausreichende Macht dafür hat – jede Verletzung der Person seines Botschafters so ahnden, als sei es die Verletzung seiner eigenen Person.

Die Tötung eines Gesandten Gottes wäre dementsprechend ein direkter Angriff auf Gott. Der Koran berichtet öfter, wie Gott Volksstämme hart bestraft hat, weil sie einen Propheten verachtet und nicht gehört haben.

Gott hat ebenso viel Ehrgefühl wie ein irdischer Staatschef. Und er ist stärker als ein menschlicher Präsident. Er kann also den Angriff auf seine Gesandten nicht einfach geschehen lassen. Wenn Gott es zulassen müsste, dass sein Gesandter getötet würde, dann wäre Gott nicht Gott. Eine solche Schande könnte Gott nicht ertragen. Der Koran lehnt also die Tatsache der Kreuzigung von Jesus ab, weil er die Größe Gottes und seine Ehre verteidigt.

Innerlich verwandt ist folgender Gedanke: Wenn der Gesandte nicht die ganze Macht des allmächtigen Gottes zur Ausführung seines Auftrages zur Verfügung hat, um sich mit Hilfe dieser Macht durchzusetzen, ist er kein wahrer Gesandter. Der Prophet, der sich nicht retten kann, kann niemanden retten. Diese Anschauung begegnet uns schon in der Kreuzigungsgeschichte des Neuen Testaments: Die religiösen Führer rufen dem Gekreuzigten zu: „Er hat anderen geholfen und kann sich selber nicht helfen. Ist er der Christus, der König von Israel, so steige er nun vom Kreuz, damit wir sehen und glauben" (Markus 15,31 f).

Der Kreuzestod ist den genannten Argumenten nach nicht geschehen, weil er aus theologischen Gründen nicht geschehen konnte.

Bleibt die dritte Frage: War der Kreuzestod von Jesus notwendig? Als Jesus auferstanden war, begegnete er zwei Jüngern, die nach Emmaus unterwegs waren. Sie erkannten ihn nicht. Jesus fragte sie: „Musste nicht Christus dies erleiden und in seine Herrlichkeit eingehen?" (Lukas 24,26).

Nun, warum sollte er das gemusst haben? Das Neue Testament sagt, dass durch den Tod von Jesus die Versöhnung des Menschen mit Gott vollzogen wurde. So wird es auch im Alten Testament geweissagt. Die Vergebung Gottes geschieht durch den stellvertretenden Sühnetod von Jesus.

Ein Muslim wird uns fragen, wie auch viele andere Menschen es tun: Warum war dieser schreckliche Tod nötig? Konnte Gott nicht ohne ihn die Sünden vergeben? Ist es nicht ein Vorrecht Gottes zu handeln, ohne dass er dazu irgendwelche Mittel braucht? Denken wir an die Macht eines absoluten Herrschers. Der Richter hat den Urteilsspruch gesprochen, den das Gesetz gefordert hat. Der Richter hat nicht das Recht zu sagen: Der Angeklagte ist zwar schuldig, aber ich erlasse ihm die Strafe. Er muss nach dem Gesetz verurteilen. Aber der absolute Herrscher kann sich souverän über die Forderung des Gesetzes hinwegsetzen und begnadigen. Sollte Gott nicht solche königliche Macht haben?

Bibelkundige Muslime weisen auf das Gleichnis vom verlorenen Sohn und vom barmherzigen Vater hin (Lukas 15). Der Vater vergibt dem Sohn, ohne dass ein Sühnemittel gebraucht wird.

Der Kreuzestod von Jesus nach der Bibel

Die biblische Botschaft dagegen kennt nur die Vergebung der Sünden durch den Kreuzestod von Jesus. Was kann von der Bibel her den islamischen Anfragen geantwortet werden?

Wir können nicht logisch folgern, warum Gott diesen Weg der Erlösung und keinen anderen wählen musste. Er ist Gott und wir sind nicht seine Berater. Aber nachdem er diesen Weg gewählt hat, können wir daran Gründe ablesen, warum er beschritten wurde.

Zur Vermeidung eines häufigen Missverständnisses müssen wir uns klarmachen, dass bei der Versöhnung der Menschen mit Gott der Sohn nicht gegen den Vater auftritt. In Jesus handelt Gott selbst. „Gott war in Christus und versöhnte die Welt mit sich selber" (2. Korinther 5,19). Kreuzestod und Auferweckung von Jesus sind die Werke Gottes. Der Richter selbst geht an die Stelle des Verurteilten und trägt das Todesurteil.

Ja, wir geben den Muslimen recht: Gott hat die Freiheit zu vergeben, wie er will. Aber wir haben nicht die Freiheit, ihm vorzuschreiben, welchen Weg er gehen muss. Gottes Weg muss nicht unseren Vorstellungen entsprechen.

Wir müssen die Frage der Muslime mit einer Gegenfrage beantworten: Ist Gott im Koran nicht zu einer mathematischen Abstraktion, zu einem widerspruchslosen System der Transzendenz geworden? Geht es um einen widerspruchslosen Gottesbegriff oder um die Wirklichkeit des lebendigen Gottes? Aus einer mathematischen Formel kann ich Folgerungen ableiten. Aus einem abstrakten Gottesbegriff kann man ableiten, was Gott tun darf und was nicht.

Es ist sehr überraschend zu sehen, wie sich der Koran über die geschichtlich bezeugte Tatsache der Kreuzigung von Jesus hinwegsetzt und sie mit einem theologischen Argument wegschiebt.

Zunächst aber haben wir zur Kenntnis zu nehmen, dass Gott handelt und wie er handelt. Dann bleibt uns Raum, uns um ein Verstehen zu bemühen, warum er so und nicht anders handelt. Das soll jetzt geschehen.

Die Bibel macht zwei Aussagen über Gott, die sich gegenseitig auszuschließen scheinen oder für unser menschliches Begreifen wenigstens miteinander in Konflikt geraten müssen. Es wird eindrücklich und erschreckend von der Heiligkeit Gottes gesprochen. Gott schließt mit der Sünde keinen Frieden. Und weil jede Sünde Auflehnung gegen Gott ist, kann er den Sünder nicht schonen. Gottes Heiligkeit fordert das Gericht über den Sünder. Andererseits berichtet die Bibel von der großen Liebe des Schöpfers zu seinen Geschöpfen. Er will sie retten. Heiligkeit und Liebe sind wie zwei Pole im Herzen Gottes, die miteinander ringen.

Im Kreuzestod von Jesus wird die ganze Heiligkeit Gottes offenbar: So ernst nimmt Gott die Sünde, dass Jesus den Tod des Verbrechers sterben muss. Der Tod von Jesus ist deshalb so besonders schrecklich, weil Jesus unter „verschlossenem" Himmel stirbt. Als er schreit: „Mein Gott, mein Gott, warum hast du mich verlassen?", da gibt es keine Antwort. Jesus stirbt unter dem Zorn Gottes über die Sünde der Menschen, die jetzt auf Jesus liegt.

Zu gleicher Zeit wird am Kreuz von Jesus aber auch Gottes große Barmherzigkeit gegenüber dem Sünder offenbar: „So sehr hat Gott die Welt geliebt, dass er seinen einzigen Sohn gab..." (Johannes 3,16). Gott gibt seinen gehorsamen Sohn in die Hände der Menschen, damit sie mit ihm umgehen können wie mit einem Verbrecher. Das ist Gottes Liebe! So wird das Kreuz von Jesus die Stelle, die die Liebe und Heiligkeit des lebendigen Gottes darstellt.

Der iranische Bischof Hassan Dehqani-Tafti beschreibt in dem Büchlein „Design of My World"[15] seinen Weg vom Muslim zum Christen. Er befasst sich darin insbesondere mit den Aussagen des christlichen Glaubens, die für den Muslim anstößig oder schwer zu verstehen sind.

Über das Leiden und Sterben von Jesus schreibt er: „If love meets rebellion, the result cannot be anything but suffering. And it is only through suffering of love that true healing comes." („Wenn Liebe auf Rebellion trifft, kann das Ergebnis nichts anderes als Leiden sein. Und nur durch das Leiden der Liebe kommt wahre Heilung.")

---

15 Auch in deutscher Übersetzung erschienen: Hassan Dehqani-Tafti, Bild meiner Welt, überarbeitete und neu ausgestattete Neuauflage, Wiesbaden 1976.

Wir sahen oben, dass der Koran es um der Majestät und Größe Gottes willen nicht zulassen kann, dass der Gesandte Gottes getötet wird. Nach dem, was wir bisher über die Bedeutung des Kreuzestodes von Jesus nach dem Neuen Testament gesagt haben, ist deutlich geworden, dass die Bibel andere Aussagen über die Größe Gottes macht. Gottes Majestät zeigt sich in der Heiligkeit des Richters, aber auch und vor allem in seiner unbegreiflichen Liebe und Barmherzigkeit den Menschen gegenüber.

Da kann man nur staunen und anbeten: So gewaltig ist Gottes Liebe, dass er sich selbst erniedrigt und Mensch wird. Und damit nicht genug: Er lässt sich wie ein Verbrecher ans Kreuz schlagen und stirbt, um seine Geschöpfe zu erlösen. Wer kann das begreifen? Das ist die Größe Gottes, die unser Fassungsvermögen überschreitet. Ein christliches Lied beginnt daher so: „Ich bete an die Macht der Liebe, die sich in Jesus offenbart."

Ein weiterer Versuch, die inneren Gründe für die Kreuzigung von Jesus als Werk Gottes zu verstehen: Der Koran hat ein anderes Bild von der menschlichen Sünde als die Bibel.

Nach dem Koran offenbart Gott durch Propheten sein Gesetz. Sünde ist die Verletzung der Gesetze Gottes. Der Mensch ist von Natur aus neutral, weder böse noch gut. Das Urteil Gottes richtet sich nach dem Übergewicht entweder der Übertretungen des Gesetzes oder der Erfüllung des Gesetzes. Die einzelnen Akte werden gegeneinander aufgewogen.

Die Bibel kennt natürlich auch die Sünde als einzelne Handlung. Aber bei jeder Sünde handelt es sich um Misstrauen und Auflehnung gegen Gott. Gott hat den Menschen geschaffen, um in einer Gemeinschaft mit ihm zu leben. Aber der Mensch rebelliert. Er will selbst sein wie Gott. Er will sein eigener Herr sein. Jede Sünde ist eine Verschmähung der Liebe Gottes. Wir stoßen die liebevoll ausgestreckte Hand des Vaters zurück.

So ist Sünde nicht nur Übertretung eines Gesetzes, die durch ein entsprechendes Strafmaß aufgehoben werden könnte, sondern sie ist

Zerstörung des Vertrauensverhältnisses zwischen Gott und Mensch. Darum geht es bei jeder Sünde ums Ganze.

Wenn man Regeln im Straßenverkehr übertritt und von der Polizei gestellt wird, muss man eine Strafe bezahlen. Falls man keinen Schaden angerichtet hat, ist der Fall damit erledigt. Durch die Zahlung ist dem Recht Genüge getan. Wie anders aber ist es, wenn ein Freund den anderen betrügt. Etwaige Sachschäden kann man dabei auch wiedergutmachen. Aber das Vertrauensverhältnis ist zerstört und sehr schwer wieder zu heilen. Die Übertretung eines Gesetzes ist etwas anderes als die Zerstörung einer personalen Beziehung.

Die Übertretung des Gesetzes im Sinne des Korans trifft letzten Endes Gott nicht persönlich. Dafür steht Gott zu weit über dem Menschen und dem Gesetz. Die Sünde trifft ihn nicht persönlich.

Im biblischen Sinne aber ist es so: Unsere Sünde trifft Gott ins Herz, sie ist die Verschmähung der Liebe Gottes. Weil die Sünde aber solch ein Gewicht hat, kann sie nicht leicht vom Tisch gewischt werden. Darum kann der Sünder sie von sich aus nicht wiedergutmachen. Der gewaltige Einsatz der Liebe Gottes, der sich im Leiden und Sterben von Jesus zeigt, ist nötig, um die gestörte Gemeinschaft zwischen Schöpfer und Geschöpfen wiederherzustellen.

Indem sich Gott das verantwortliche Geschöpf zum Partner machte, hat er sich in gewissem Sinne auch eine Einschränkung seiner Macht und Freiheit auferlegt. Dem Menschen ist eine Freiheit gegeben. Gott zwingt sich mit seiner Liebe nicht auf. Um die Gemeinschaft zwischen Schöpfer und Geschöpf wiederherzustellen, braucht Gott die Einwilligung des rebellierenden Geschöpfes. Gott hat am Kreuz von Jesus die Reinigung des Verhältnisses von aller Schuld bewirkt und will die Rebellen in Gnaden aufnehmen. Das Kreuz ist ein Werben Gottes um die Rückkehr der Rebellen. Deshalb heißt es in 2. Korinther 5,19f: „Denn Gott war in Christus und versöhnte die Welt mit sich selber und rechnete ihnen ihre Sünden nicht zu ... So sind wir nun Botschafter an Christi Statt ... Lasst euch versöhnen mit Gott!"

Noch ein Wort zum Verständnis des Gleichnisses vom verlorenen Sohn (Lukas 15): Man darf nicht davon absehen, dass Jesus dieses Gleichnis erzählt. Es handelt sich hier nicht um die allgemeine Erkenntnis vom gütigen Vatergott, die jeder andere als Jesus auch entdecken und verkündigen könnte. Nur Jesus kann sagen, dass der Vater bereit ist, den verkommenen Sohn in Liebe wieder anzunehmen, weil er, Jesus, auf dem Wege zum Kreuz ist, wo die Liebe Gottes ihr Ziel erreicht. Das Kreuz ist nicht eine isolierte Tatsache im Leben von Jesus, sondern sein ganzes Leben, seine Menschwerdung, seine Predigt des Willens Gottes, seine Hilfe für die Kranken und die Verachteten sind Bestandteile des Erlösungswerkes, das im Kreuzestod vollendet und in der Auferstehung von Gott bestätigt wird. Deshalb kann Jesus von dem barmherzigen Vater sprechen, weil in ihm selbst die Liebe Gottes in die Welt gekommen ist.

Woher sollten wir wissen, dass der Vater, von dem wir weggelaufen sind, in Liebe auf uns wartet und uns wieder als Kinder annehmen will? Aus unserem Leben voller Schuld können wir doch nur ableiten, dass uns Gottes Gericht mit vollem Recht treffen wird. Wenn da kein Vater ist, der auf uns wartet, dann hat es gar keinen Zweck umzukehren. Wir können die Türen des Vaterhauses von uns aus nicht mehr öffnen.

Darin liegt die Bedeutung des Kreuzes von Golgatha: So gewiss Jesus als Opfer für unsere Sünden gestorben ist, so gewiss sind die Vaterarme ausgebreitet, um uns aufzunehmen. Ja, viel mehr: So weit ist der Vater uns entgegengelaufen – bis ans Kreuz von Golgatha –, damit wir nach Hause kommen.

Jesus kommt wieder

Als wir über den Vers in Sure 19,33 sprachen, stießen wir auf die Aussage der theologischen Tradition, die im Koran selbst so nicht ausgesprochen wird, dass Jesus am Ende der Zeit wiederkommen wird, um den Daggal, den „Lügner", der viele zum Abfall bewegen wird, zu töten.

Wir wollen uns hier vor allem mit den Aussagen des Korans selber beschäftigen. Da gibt es immerhin eine Stelle, die sich so auslegen lässt, dass Jesus wiederkommen soll: Sure 43,62! Die richtige Übersetzung dieses Verses ist strittig, deshalb will ich drei Übersetzungen zitieren und auch den Zusammenhang des entscheidenden Satzes bringen, damit man sich ein besseres Urteil bilden kann.

Sure 43,60–62 nach Ullmann/Winter: „Er (Jesus) ist nichts anderes als ein Diener, dem wir Gnade erzeigt und ihn als Beispiel für die Kinder Israels aufgestellt haben. Wenn wir nun wollten, so könnten wir auch aus euch Engel hervorbringen (als Nachfolger) auf Erden! Er (Jesus) diene euch auch zur Erkenntnis der letzten Stunde, darum bezweifelt sie nicht. Folgt nur mir; denn dies ist der richtige Weg."

In Vers 64 ist dann wieder von Jesus die Rede, der mit deutlichen Zeichen gekommen sei. Sollte diese Übersetzung richtig sein, dann wird die Wiederkunft von Jesus als ein Zeichen des anbrechenden Gerichts verstanden.

Nun übersetzt Arberry den entscheidenden Vers 61 (in Ullmann/Winter-Zählung Vers 62) anders: „It is knowledge of the Hour; doubt not concerning it, and follow me."

Das würde nur besagen: „Ihr wisst, dass es die letzte Stunde gibt; zweifelt daran nicht..." Dieses Wissen über die letzte Stunde kann ganz von der Verkündigung des Mohammed herkommen. Dann spielt dieser Vers nicht auf Jesus an.

Paret übersetzt die entscheidende Wendung in Sure 43,61: „Und er ist ein Erkennungszeichen der Stunde (des Gerichts)." Auch Paret ist nicht sicher, wer mit „er" gemeint ist. In einer Erklärung sagt er, es könne Jesus, aber auch der Koran selbst als Erkennungszeichen in Betracht gezogen werden.

Wenn auch offen bleiben muss, ob der Koran davon redet, so redet doch die theologische Tradition des Islam vom Wiederkommen von Jesus in der letzten Zeit. Ein islamischer Kommentar bietet als Auslegung zu Sure 43,61 die Geschichte vom wiederkommenden

Jesus: Jesus kommt wieder nach Palästina und tötet mit einer Lanze den Daggal. In Jerusalem verrichtet er mit den Gläubigen zusammen das Morgengebet unter Leitung eines Imam. Danach tötet er die Christen, die den Islam nicht angenommen haben, zerstört Kirchen und Synagogen, tötet die Schweine und zerbricht die Kreuze. Dieses Wiederkommen von Jesus gilt als Zeichen der letzten Stunde.

Jesus – der Sohn Gottes?

Ist Jesus Gottes Sohn? Was sagt der Koran zu dieser Frage?

Sure 9,30: „Die Juden sagen: ‚Uzair (d.h. Esra) ist der Sohn Gottes.‘ Und die Christen sagen: ‚Christus ist der Sohn Gottes.‘ So etwas wagen sie offen auszusprechen. Sie tun es (mit dieser ihrer Aussage) denen gleich, die früher ungläubig waren. Diese gottverfluchten (Leute)!“

Wir sahen, wie hoch Jesus im Koran geschätzt wird. Nicht gegen ihn selbst richtet sich der Angriff des Korans in der uns jetzt vorliegenden Frage, sondern gegen die Christen, die das wahre Bild von Jesus heidnisch verfälscht haben. Denn der Vergleich mit den Ungläubigen, die vorher gelebt haben, soll besagen, dass die Christen wieder in die Vielgötterei zurückgefallen sind. Der Islam betont leidenschaftlich sein Bekenntnis, dass es nur einen Gott gibt.

Der Muslim empfindet die Rede von einem Sohn Gottes als Gotteslästerung. Warum, das ist leicht zu verstehen. Sure 2,116f: „Und sie sagen: ‚Gott hat sich ein Kind zugelegt.‘ Gepriesen sei er! (Darüber ist er erhaben.) Nein! Ihm gehört (ohnehin alles), was im Himmel und auf Erden ist. Alle (Geschöpfe) sind ihm demütig ergeben. Er ist der Schöpfer von Himmel und Erde. Wenn er eine Sache beschlossen hat, sagt er zu ihr nur: Sei!, dann ist sie.“

Die positive Aussage dieser Stelle wird auch deutlich ausgedrückt in Sure 3,59: „Jesus ist (was seine Erschaffung angeht) vor Gott gleich wie Adam. Den schuf er aus Erde. Hierauf sagte er zu ihm: Sei!, da war er.“ Die Parallele zwischen Adam und Jesus besteht hier darin, dass beide keinen menschlichen Vater haben, sondern durch das Schöpfungswort Gottes ins Leben gerufen wurden. Interessant ist der Vergleich dieser Koranstelle mit Römer 5,12–21 und 1. Korinther 15,45–49, wo auch Adam und Christus gegenübergestellt werden.

Weitere Koranstellen zur Gottessohnschaft von Jesus sind: Sure 6,101: „(Er ist) der Schöpfer von Himmel und Erde. Wie soll er zu Kindern kommen, wo er doch keine Gefährtin hatte (die sie ihm hätte zur Welt bringen können) ...“

Sure 19,88–93: „Sie sagen: ‚Der Barmherzige hat sich ein Kind zugelegt!‘ (Sag:) Da habt ihr etwas Schreckliches begangen. Schier brechen die Himmel (aus Entsetzen) darüber auseinander und spaltet sich die Erde und stürzen die Berge in sich zusammen, dass sie dem Barmherzigen ein Kind zuschreiben. Dem Barmherzigen steht es nicht an, sich ein Kind zuzulegen. Es gibt niemand im Himmel und auf Erden, der (dereinst) nicht als Diener zum Barmherzigen kommen würde.“

Es geht um die Gottheit Gottes. Wenn man von Gott sagt, er habe einen Sohn, setzt man voraus, dass er ihn wie ein Mann mit einer Frau gezeugt habe. Damit macht man Gott zum Götzen.

Aber nicht nur an einer natürlichen Vaterschaft Gottes wird Anstoß genommen, sondern auch an der Tatsache, dass irgendein Wesen Gott zu nahe stehen könnte. Von keinem Wesen darf man mehr sagen, als dass es Sklave, Diener Gottes ist. Sure 4,172 ist die Hauptaussage zu unserem Problem, an die wir später wieder anknüpfen werden: „Christus wird es nicht verschmähen, ein (bloßer) Diener Gottes zu sein.“

Hier noch einige Stellen aus dem Koran:

Sure 5,17: „Ungläubig sind diejenigen, die sagen: ‚Gott ist Christus, der Sohn der Maria.‘ Sag: Wer vermöchte gegen Gott etwas auszurichten, falls er (etwa) Christus, den Sohn der Maria und seine Mutter und (überhaupt) alle, die auf der Erde sind, zugrunde gehen lassen wollte?“

Sure 5,72 f: „Ungläubig sind diejenigen, die sagen: ‚Gott ist Christus, der Sohn der Maria.' Christus hat (ja selber) gesagt: ‚Ihr Kinder Israel! Dienet Gott, meinem und eurem Herrn!' Wer (dem einen) Gott (andere Götter) beigesellt, dem hat Gott (von vornherein) den Eingang in das Paradies versagt. Das Höllenfeuer wird ihn (dereinst) aufnehmen. Und die Frevler haben (dann) keine Helfer. Ungläubig sind diejenigen, die sagen: ‚Gott ist einer von dreien.' Es gibt keinen Gott außer einem einzigen Gott."

Sure 5,75: „Christus, der Sohn der Maria, ist nur ein Gesandter. Vor ihm hat es schon (verschiedene andere) Gesandte gegeben. Und seine Mutter ist eine Wahrhaftige ... Sie pflegten (als sie noch auf Erden weilten, wie gewöhnliche Sterbliche), Speisen zu sich zu nehmen."

Sure 5,116f: „Und (dann,) wenn Gott sagt: Jesus, Sohn der Maria! Hast du (etwa) zu den Leuten gesagt: ‚Nehmt euch außer Gott mich und meine Mutter zu Göttern'? Er sagt: ‚Gepriesen seiest du! (Wie dürfte man dir andere Wesen als Götter beigesellen! Ich darf nichts sagen, wozu ich kein Recht habe. Wenn ich es (tatsächlich doch) gesagt hätte, wüsstest du es (ohnehin und brauchtest mich nicht zu fragen). Du weißt Bescheid über das, was ich (an Gedanken) in mir hege. Aber ich weiß über das, was du in dir hegst, nicht Bescheid. Du (allein) bist es, der über die verborgenen Dinge Bescheid weiß. Ich habe ihnen nur gesagt, was du mir befohlen hast (nämlich): Dienet Gott, meinem und eurem Herrn!'"

Gott etwas Menschliches beizugesellen ist „Schirk", die Sünde der Gotteslästerung, die nicht vergeben wird.

Christen werden den Vorwurf zurückweisen, dass Gott sozusagen mit der Gottesmutter Maria ein Kind gezeugt habe. Solche Vorstellungen waren in den Religionen des Orients verbreitet. Der Bibel sind solche Vorstellungen völlig fremd. Die Geburt von Jesus durch die Jungfrau Maria geschah ausschließlich durch die Schöpferkraft des Wortes und Geistes. Und die Bezeichnung „Sohn Gottes" für Jesus wird nicht durch die Jungfrauengeburt begründet, sondern mit der Messiasverheißung des Alten Testamentes.

Wenn der Islam den Koran historisch verstehen würde, könnte man sogar eine Brücke des Verständnisses bauen. Man kann durchaus gewisse Entwicklungen im orientalischen Christentum kritisieren, die Maria als „Gottesgebärerin" verehrten. Nestorius, Patriarch von Konstantinopel, wandte sich gegen diesen Ehrennamen für Maria, der von vielen damals gebraucht wurde.

Auf dem Konzil von Chalcedon im Jahre 451 wurde der Streit um die göttliche und menschliche Natur von Jesus so entschieden, dass die göttliche und menschliche Natur in der Person von Jesus „unvermischt und ungetrennt" vorhanden gewesen seien. Diese Auffassung nennt man Dyophysitismus (= Zweinaturenlehre). Die gegenteilige Auffassung wird Monophysitismus (= Lehre von der einen Natur von Christus) genannt. Ihre Vertreter meinten, dass die göttliche Natur in der Person von Jesus sozusagen die beherrschende gewesen sei und die menschliche Natur in sich verschlungen habe. Sie redeten praktisch nur von der Gottheit von Christus.

Diese zweite Anschauung wurde zwar auf dem Konzil von Chalcedon verworfen und entspricht dem neutestamentlichen Zeugnis sicherlich nicht. Aber sie stand doch bei weiten Volkskreisen im Orient in hohem Ansehen. Sie hielten auch nach der Konzilsentscheidung daran fest. Es kam wegen dieser Frage zur Abspaltung einiger monophysitischer Kirchen. In 300 Jahren hatte sich die Verehrung der Maria schon so weit entwickelt, dass man von ihr als der Gottesmutter sprach. Man verehrte sie, wie man im Vorderen Orient früher Göttinnen verehrte.

Gab schon die Theologie Anlass zu erheblichen Missverständnissen, so trieb der Volksglaube erst recht üppige Formen der Marienverehrung. Diese Verherrlichung der Maria scheint einem menschlichen, religiösen Bedürfnis nach einer Muttergöttin zu entspringen. Die heidnischen Religionen vor der Zeitwende kannten Muttergottheiten, z. B. die Kybele, die in Ephesus einen berühmten Tempel hatte. Ihnen wurden göttliche Söhne und Liebhaber zugesellt. Sollte es wundern, wenn solche Bedürfnisse und solche Traditionen die christliche Botschaft nach ihrem Geschmack umgestalteten? Solche Vorstellungen muss man von der Bibel her kritisieren.

Was meint das Neue Testament, wenn es Jesus den Sohn Gottes nennt?

Der gehorsame Sohn

Ich möchte über die folgenden Ausführungen als Motto einen Koranvers setzen:

„Christus wird es nicht verschmähen, ein (bloßer) Diener Gottes zu sein" (Sure 4,172).

Es ist ganz eindeutig: Der Koran nennt Jesus einen Knecht, um damit abzulehnen, dass er der Sohn Gottes ist. Ich möchte jetzt an einigen Bibeltexten zeigen, dass Jesus im Neuen Testament gerade deshalb Sohn Gottes genannt wird, weil er der Knecht ist.

Paulus schreibt in Philipper 2,6–11 über Jesus: „Er, der in göttlicher Gestalt war, hielt es nicht für einen Raub, Gott gleich zu sein, sondern entäußerte sich selbst und nahm Knechtsgestalt an, ward den Menschen gleich und der Erscheinung nach als Mensch erkannt. Er erniedrigte sich selbst und ward gehorsam bis zum Tode, ja zum Tode am Kreuz. Darum hat ihn auch Gott erhöht und hat ihm den Namen gegeben, der über alle Namen ist, dass in dem Namen Jesu sich beugen sollen aller derer Knie, die im Himmel und auf Erden und unter der Erde sind, und alle Zungen bekennen sollen, dass Jesus Christus der Herr ist, zur Ehre Gottes, des Vaters."

Jesus Christus wird in diesem Bekenntnis in seiner ganzen Herrlichkeit beschrieben: Er kommt von Gott und er wird von Gott zum Herrn der Welt erhöht. Aber in der Mitte steht das entscheidende Ereignis: Er wurde Knecht, Sklave. Worin zeigt sich das?

Der Sklave tut die niedrigsten Dienste. Er ist gehorsam. Das ist das eigentliche Wunder: Jesus ist bis zur bittersten Konsequenz gehorsam. Er geht den schweren Weg bis zum Kreuz, um die menschliche Schuld wegzutragen. Der Gehorsam gegenüber diesem Auftrag führt ihn so tief hinab, dass man nur noch schreien kann: Wie kann Gott so etwas zulassen? Sagt der Koran, Jesus sei der Knecht gewesen, dann macht die Bibel so deutlich, wie es nur geht, dass er wirklich der Knecht ist.

In Johannes 4 wird erzählt, wie Jesus am Jakobsbrunnen bei Sichem mit einer samaritanischen Frau spricht. Dazwischen eingeflochten findet eine kurze Unterhaltung von Jesus mit seinen Jüngern statt. In einem Satz drückt Jesus sein Geheimnis aus: „Meine Speise ist die, dass ich tue den Willen dessen, der mich gesandt hat, und vollende sein Werk" (Johannes 4,34).

Ohne Speise kann ein Mensch nicht leben. Jesus lebt davon, dass er Gottes Willen tut. Ohne diesen Gehorsam kann er nicht leben. Gehorsam ist sein tiefstes Wesen. Alles, was er tut, geschieht im Gehorsam gegen den Auftrag Gottes. Auch die Wunder, die er tut, sind Werke des gehorsamen Sohnes. Und durch diesen Gehorsam bekommt er die Kraft, Wunder zu tun. Immer wieder springt dem Leser besonders im Johannesevangelium dieser Zusammenhang ins Auge.

Das Neue Testament nennt Jesus nicht wegen der Art seiner Geburt den Sohn Gottes, sondern weil er der Gehorsame ist. Als der gehorsame Sohn offenbart er den lebendigen Gott in dieser Welt.

Die Geburt von Jesus durch die Jungfrau Maria ist ein Signal für eine ganz andere wichtige Botschaft. Karl Barth, wohl einer der größten Theologen des 20. Jahrhunderts, hat die Jungfrauengeburt von Jesus das „notwendige Zeichen" genannt. Damit signalisiert Gott gleich am Anfang, dass bei der Erlösung der Welt der Mensch nur als Empfänger vorkommt, nicht als Erzeuger. Maria ist das Modell des Glaubens. Gott schenkt seine Liebe in Jesus. Die Menschen empfangen die Rettung durch Jesus als Geschenk im Vertrauen. Sie können sie nicht erzeugen, erarbeiten, verdienen oder kaufen.

Eine entscheidende Szene verdeutlicht uns, wie Gottessohnschaft und Knechtsein bei Jesus zusammengehören. Jesus ist mit seinen Jüngern in der Nähe der Stadt Cäsarea Philippi unterwegs. Er fragt seine Begleiter, was die Leute über seine Person denken. Es gibt da allerlei Vermutungen. Dann kommt die Frage ganz direkt: „Wer sagt denn ihr, dass ich sei? Da antwortete Simon Petrus und sprach: Du bist Christus, des lebendigen Gottes Sohn" (Matthäus 16,15). Kurz danach heißt es: „Seit der Zeit fing Jesus an, seinen Jüngern zu zeigen, wie er nach Jerusalem gehen und viel leiden müsse von den Ältesten und Hohenpriestern und Schriftgelehrten und getötet werden und am dritten Tage auferstehen. Und Petrus nahm ihn beiseite und fuhr ihn an und sprach: Gott bewahre dich, Herr! Das widerfahre dir nur nicht! Er aber wandte sich um und sprach zu Petrus: Geh weg von mir, Satan! Du bist mir ein Ärgernis; denn du meinst nicht, was göttlich, sondern was menschlich ist" (Matthäus 16,21–23).

Im Alten Testament hat Gott das Kommen des Retters für das Volk Israel und die ganze Menschheit versprochen, den Messias.

Die Menschen zur Zeit von Jesus warteten auf die Erfüllung dieser Verheißung. Zwei Fragen mussten die Wartenden bewegen: Wer ist der Messias? Wie tut der Messias sein Werk?

Auf die Wer-Frage gibt Petrus eine klare Antwort: Jesus ist der Messias. Jesus gibt ihm recht: „Selig bist du, Simon, Jonas Sohn; denn Fleisch und Blut haben dir das nicht offenbart, sondern mein Vater im Himmel" (Matthäus 16,17).

Als aber Jesus zu erklären beginnt, wie er der Messias sein will, auf welchem Wege er das Werk des Messias ausführen wird, tritt ihm Petrus in den Weg: „... das widerfahre dir nur nicht!" Der Messias, der Erlöser der Welt, soll in die Hände der Menschen fallen und wie ein Verbrecher gekreuzigt werden? Das ist unmöglich.

Petrus hofft auf den starken Mann, der zunächst einmal die römische Besatzungsmacht aus dem Lande jagt und dann im Namen des lebendigen Gottes die Weltherrschaft übernimmt. Und er glaubt, dass Jesus auf diese Weise vorgehen wird. Ein Mann, der der ganzen Welt helfen will, muss selbst stark sein. Das ist doch für jedermann einleuchtend.

Jesus aber sagt, dass das Erlösungswerk durch Leiden und Sterben getan werden muss. Die Wer-Frage hat Petrus beantwortet, aber die

Antwort auf die Wie-Frage kann er nicht begreifen. Man kann Jesus mancherlei ehrende Titel geben und liegt doch völlig falsch, wenn man nicht begreift, wie Jesus der Messias, der Sohn Gottes, der Retter der Welt sein will und wird. Wir haben in diesem Buch schon dargestellt, dass Jesus mit dem Anspruch kam, der Menschensohn-Weltrichter zu sein. Diesen Anspruch erfüllt er, indem er als Weltrichter der leidende Gottesknecht wird (Jesaja 53) und in stellvertretendem Leiden und Sterben die Schuld der Welt trägt.

Im Gespräch mit Muslimen würde ich lange erklären, wie Jesus uns dient – durch sein Wort, seine heilenden und helfenden Taten, durch seine Hingabe bis zum Tod am Kreuz – und dass Gott ihn in der Auferweckung bestätigt und zum Herrn des Lebens gemacht hat (Apostelgeschichte 2,36). Zuerst muss die inhaltliche Bedeutung des Titels „Sohn Gottes" klar werden. Dann aber muss auch unmissverständlich gesagt werden, dass Jesus von Gott in diese Welt gekommen ist. Er offenbart nicht nur Worte Gottes wie ein Prophet. In Jesus Christus offenbart sich Gott selbst im Reden, Handeln, Leiden, Sterben und Auferstehen.

Das Neue Testament zeigt uns, dass der Sohn Gottes es nicht verschmähte, Knecht zu sein. Im Hebräerbrief lesen wir über Jesus: „Er hat, obwohl er Gottes Sohn war, doch an dem, was er litt, Gehorsam gelernt" (Hebräer 5,8). Sogar das muss man von dem Sohn Gottes sagen, dass er Gehorsam lernte!

Die erschütternde Gethsemane-Geschichte zeigt uns, wie der Sohn Jesus um den Gehorsam gegenüber dem Vater ringt (vgl. Matthäus 26,36–46). Wir sind hier Zeugen der entscheidenden Phase des Lebens von Jesus, unmittelbar vor der Verhaftung, dem Prozess und der Hinrichtung. In dieser Situation zeigt sich uns Jesus als der Sohn; er redet Gott an: „Mein Vater." Seine Sohnschaft drückt sich darin aus, dass er sich ganz dem Willen Gottes unterstellt: „So geschehe dein Wille." Und das Erstaunliche: Dieser Gehorsam ist bei dem Sohn Gottes nicht einfach so ohne Anfechtung da, sondern er ringt darum, gehorsam zu sein; Angst und Zittern befallen ihn angesichts der unheimlichen, schweren Aufgabe des Leidens und Sterbens. Er „lernt" den Gehorsam.

Die Herrlichkeit des Sohnes besteht in der Vollkommenheit seines Gehorsams. Das wird im Johannesevangelium einmal fast paradox ausgedrückt: „Und wie Mose in der Wüste die Schlange erhöht hat, so muss der Menschensohn erhöht werden, damit alle, die an ihn glauben, das ewige Leben haben" (Johannes 3,14 f).

In 4. Mose 21 wird berichtet, dass Gott als Gericht über die Unzufriedenheit des Volkes Schlangen ins israelitische Lager schickt. Viele werden gebissen und sterben. Das Volk kommt schreiend zu Mose, bekennt seine Sünde und bittet Mose, bei Gott für Hilfe für das Volk einzutreten. Darauf bekommt Mose von Gott den Befehl, eine eiserne Schlange an einen Pfahl zu hängen und hoch aufzurichten. Jeder der Gebissenen, der diese Schlange ansah, sollte gerettet werden. Auf diese Geschichte bezieht sich das oben zitierte Wort. Jesus wurde wie jene Schlange hoch ans Kreuz gehängt. Wer im Vertrauen auf ihn schaut, wird aus seiner Schuldverstrickung befreit.

Das Wort „erhöhen" ist doppeldeutig. Einmal hat es diesen vordergründigen Sinn, dass etwas hoch aufgehängt wird. Aber dann heißt es im übertragenen Sinne, dass jemand geehrt wird, eine höhere Stellung bekommt. Im Johannesevangelium hat dieser Ausdruck im Blick auf Jesus beide Bedeutungen: Er ist hoch ans Kreuz gehängt, geschändet und getötet worden. Aber dort am Kreuz kam Jesus auch zu höchsten Ehren. Denn am Kreuz offenbarte sich der vollkommene Sohnesgehorsam. Der Gehorsam, der am Kreuz sein Ziel hatte, ist die typische Herrlichkeit des Sohnes Gottes.

Ich will dieses Kapitel mit einer persönlichen Bemerkung abschließen. Beim Studium des Korans und durch die Begegnung mit Muslimen bin ich darauf hingewiesen worden, dass ich Jesus viel besser kennen lernen muss. Gerade durch die Auseinandersetzung mit der Bestreitung der Kreuzigung und der Kritik an der Gottessohnschaft von Jesus ist mir die Tiefe und Kraft des Evangeliums von Jesus Christus deutlich geworden.

„Wort Gottes" und „Vom Geist Gottes"

Im Zusammenhang der Erörterungen über den Gottessohnbegriff muss der Sure 4,171 eine gesonderte Betrachtung gewidmet werden:

„Ihr Leute der Schrift! Treibt es in eurer Religion nicht zu weit ... und sagt gegen Gott nichts aus, außer der Wahrheit! Christus Jesus, der Sohn der Maria, ist (nicht Gottes Sohn. Er ist) nur der Gesandte Gottes und sein Wort (kalima), das er der Maria entboten hat und Geist von ihm. Darum glaubt an Gott und seine Gesandten und sagt nicht (von Gott, dass er in einem) drei (sei)! Hört auf (solches zu sagen! Das ist) besser für euch. Gott ist nur ein einziger Gott. Gepriesen sei er! (Er ist darüber erhaben) ein Kind zu haben."

Auch hier wird die Gottessohnschaft von Jesus aus den genannten Gründen abgelehnt. Aber in diesem Vers kommen zwei Ausdrücke vor, die den Bibelleser aufhorchen lassen, und einer von beiden spielt in Gesprächen über Jesus zwischen Muslimen und Christen eine Rolle. Jesus wird Gottes „Wort", das er der Maria entboten hat, genannt.

Soll der Titel „Wort" ausdrücken, dass Jesus durch das Schöpfungswort Gottes in Maria erschaffen wurde, sodass er gleichsam mit dem Wort Gottes identisch ist? Wenn ja, hätte das Wort Gottes – durch den Geist Gottes in Gestalt eines Mannes an Maria gerichtet – sofort die Existenz von Jesus in deren Leib bewirkt. Somit wäre Jesus das Wort Gottes, und dieser Titel betont, dass er Geschöpf Gottes wäre. Damit wird die Distanz zwischen Gott und Jesus beschrieben.

Genau das Gegenteil sagt der Titel „Wort (Gottes)" in Johannes 1,1 aus: „Im Anfang war das Wort, und das Wort war bei Gott, und Gott war das Wort." Die Bezeichnung „Wort (Gottes)" soll hier das Geheimnis von Jesus in dem Sinne ausdrücken, dass er aus der Welt Gottes kommt. Auch hier bedeutet „Wort" das Schöpfungswort Gottes, aber das Schöpfungswort, durch das Gott die Welt geschaffen hat: „Alle Dinge sind durch dasselbe (Wort) gemacht, und ohne dasselbe ist nichts gemacht, was gemacht ist" (Johannes 1,3).

Hier ist also nicht gemeint, dass das Schöpfungswort Gottes den Menschen Jesus entstehen ließ, sondern: So eng gehört Jesus zum lebendigen Gott – und zwar von Ewigkeit her – und so mächtig ist er, dass er mit dem Schöpfungswort Gottes gleichgesetzt wird!

Die Tatsache, dass die Bezeichnung „Wort Gottes" für Jesus im Koran und in der Bibel vorkommt, hilft uns im Gespräch zwischen Muslimen und Christen nicht wirklich weiter.

Ähnlich ist es mit der Aussage des Korans, dass Jesus vom Geiste Gottes sei. Sure 4,171: „Christus Jesus, der Sohn der Maria, ist ... Geist von ihm."

Auch der Ausdruck „Geist von ihm" im koranischen Sinne will ausdrücken, dass Jesus von Gott durch den Geist geschaffen worden sei. Wieder müssen wir an den zitierten Bericht über die Ankündigung der Geburt von Jesus gegenüber Maria erinnern. Wird der Ausdruck „Geist von ihm" auf die Geburt von Jesus von der Jungfrau Maria bezogen, so muss man sagen, dass das Neue Testament die gleiche Aussage macht. Gott sagt dem Josef im Traum: „Josef, du Sohn Davids, fürchte dich nicht, Maria, deine Frau, zu dir zu nehmen; denn was sie empfangen hat, das ist von dem heiligen Geist." (Matthäus 1,20).

Hier liegt durchaus eine Übereinstimmung zwischen biblischer und koranischer Aussage über Jesus vor. Wie die Erwähnung der Wunder mag auch das ein Ansatzpunkt für ein gemeinsames Gespräch sein.

Ahmed oder Heiliger Geist?

Der Koran sieht Jesus als einen Propheten. Er berichtet eine besondere prophetische Ankündigung durch Jesus:

Sure 61,7 (nach Ullmann/Winter): „Und Jesus, der Sohn der Maria, sagte: ,O ihr Kinder Israels, wahrlich, ich bin euch ein Gesandter Allahs, der die Thora bestätigt, welche ihr bereits vor mir erhieltet, und ich bringe frohe Botschaft über einen Gesandten, der nach mir kommen und dessen Name Ahmed sein wird."

Arberry (S. 580) übersetzt die entscheidende Wendung ebenfalls in diesem Sinne: „giving good tidings of a Messenger..." („gebe gute Botschaft von einem Gesandten"). Ahmed kommt von dem gleichen Wortstamm wie Mohammed. Beide Namen haben auch die gleiche Bedeutung. Mohammed bedeutet „der Gepriesene" und Ahmed ist eine Steigerungsform von Mohammed. Die Sure 61 will also sagen, dass Jesus das Kommen Mohammeds geweissagt habe.

Auch für die Muslime hat sich daraus die Frage ergeben: Gibt es im Neuen Testament irgendeinen Anhaltspunkt für diese Behauptung? Und in der Tat sind die Muslime der Meinung, dass im Johannesevangelium über diese Weissagung über das Kommen Mohammeds berichtet werde.

Welche Stellen sind gemeint? In Johannes 14,16 f heißt es: „Und ich will den Vater bitten, und er wird euch einen anderen Tröster geben, dass er bei euch sei in Ewigkeit: den Geist der Wahrheit, den die Welt nicht empfangen kann, denn sie sieht ihn nicht und kennt ihn nicht. Ihr kennt ihn, denn er bleibt bei euch und wird in euch sein."

Das Wort, das in Luthers Übersetzung mit „Tröster" und in der Übersetzung der Zürcher Bibel mit „Beistand" wiedergegeben wird, heißt im griechischen Text „parakletos".

Nun ist es muslimische Meinung, dieses „parakletos" sei eine Verballhornung des anderen griechischen Wortes „periklytos". Die Bedeutung dieses Wortes ist: der Berühmte, der Mann, von dem man spricht.

Die Konsonanten der beiden Worte sind die gleichen: p-r-kl-t-s. Die Vokale – so die muslimische Meinung – seien irgendwie später entfernt, verwechselt oder absichtlich verändert worden.

Warum diese Hypothese? Die Bedeutung von „periklytos" entspricht der des arabischen Namens Ahmed. Wenn man also wirklich „parakletos" durch „periklytos" ersetzen müsste, könnte man Johannes 14,16f als Weissagung von Jesus über Mohammed verstehen.

Zwei Überlegungen müssen jetzt angestellt werden:

Erstens: Das Neue Testament ist ursprünglich in Griechisch geschrieben. Im Altertum musste man die Bücher mit der Hand abschreiben. Wir haben eine Fülle dieser alten Handschriften gefunden, deren Texte häufig in Kleinigkeiten voneinander abweichen. Wissenschaftler haben das ganze verfügbare handschriftliche Material zusammengestellt, um für jede betreffende Stelle die Varianten vergleichen zu können und zu entscheiden, welche Lesart wohl die ursprünglichste ist und aus welchen Gründen die Abweichungen zustande gekommen sein könnten (Schreibfehler, Hörfehler beim Diktieren, Veränderungen des Textes durch spätere Abschreiber zur Erleichterung des Verständnisses oder zur Verbesserung des Stils u.Ä.).

Das Wort „parakletos" kommt in Johannes 14,16 und 26; 15,26 und 16,7 vor, aber in keinem der Fälle liegt aus Gründen des Textzustandes ein Anlass vor, eine Verballhornung des ursprünglichen Wortlauts anzunehmen. Kein handschriftlicher Zeuge hat jemals etwas anderes als „parakletos" gelesen.

Zweitens: Auch aus inhaltlichen Gründen ist es nicht möglich, diese Stellen für die koranische Aussage in Anspruch zu nehmen. „Parakletos" bedeutet wörtlich „der zur Unterstützung Herbeigerufene" oder „der als Beistand Zugezogene". Daraus ergibt sich dann die Bedeutung „der Ratgeber" oder „der Helfer".

Das Johannesevangelium spricht von diesem Ratgeber als dem Geist der Wahrheit, den Gott in das Herz der Menschen geben will, die an Jesus Christus glauben (vgl. Johannes 14,17). Er wird „der Welt die Augen auftun über die Sünde und über die Gerechtigkeit und über das Gericht" (Johannes 16,8). In Römer 8,16 wird über den Geist Gottes gesagt, dass er sich sozusagen neben unseren menschlichen Geist stellt und uns bezeugt und zuspricht, dass wir Gottes Kinder sind. Diese Gewissheit kann sich kein Mensch selber geben. Gottes

Geist muss uns zusprechen und gewiss machen, dass wir durch den Opfertod von Jesus Kinder Gottes sind.

Der Auftrag, den der Geist Gottes – im Johannesevangelium manchmal „parakletos" genannt – hat, ist weit von dem Auftrag entfernt, den Mohammed nach dem Koran erfüllte. Dieser Abschnitt führt uns zu einer Frage, die für das Gespräch zwischen Christen und Muslimen nicht unwesentlich ist.

Wenn Bibel und Koran sich widersprechen

Wie stellen wir uns zu den Widersprüchen zwischen Bibel und Koran?

Diese Frage ist ebenso an Muslime gerichtet wie an Christen. Die voranstehende Darstellung der koranischen Weissagung von Jesus führt uns ein Beispiel dafür vor Augen, wie Muslime grundsätzlich diesem Problem begegnen.

Der Koran erkennt ja sowohl das Alte wie auch das Neue Testament grundsätzlich als Offenbarungsbücher Gottes an. Weil die Grundeinstellung gegenüber der Bibel so positiv ist, liest man mit besonderer Spannung alle die Passagen im Koran, wo über biblische Personen und Ereignisse berichtet wird. Aber dann drängt sich umso mächtiger die Beobachtung auf, wie verschieden doch bei mancher Parallele Bibel und Koran in ihrer Beschreibung und Beurteilung sind.

Wir sahen das an dem hier durchgeführten Vergleich zwischen koranischem und biblischem Jesusbild. Die gleichen Beobachtungen kann man machen, wenn man die vielen Abschnitte des Korans, die sich mit Abraham befassen, den biblischen Berichten gegenüberstellt.

Es ist nur natürlich, wenn der christliche Leser des Korans die Korrektheit der Berichte über Gegenstände, die sowohl in der Bibel als auch im Koran behandelt werden, am Maßstab der biblischen Erzählungen messen möchte. Die Bibel ist eben in ihren beiden Teilen erheblich älter als der Koran.

Aber eine solche vergleichende Betrachtungsweise darf der Muslim nicht nachvollziehen. Der Koran ist ja nach muslimischer Auffassung die Niederschrift eines Buches, das in Gottes Welt schon immer existiert hat.

So muss der Koran auch dort göttliche Wahrheit enthalten, wo er von der Bibel bei vergleichbaren Stoffen abweicht. Dies ist dogmatisch völlig einlinig gedacht: Weil der Koran göttlichen Ursprungs ist, enthält er in jedem Fall die Wahrheit. Berichtet die Bibel etwas anderes, so kann sie nur falsch sein. Nach muslimischem Verständnis sind die biblischen Texte von den Menschen verfälscht worden und entsprechen nicht mehr dem, was Gott offenbart hat.

Uns begegnete diese Auffassung schon in den Koranversen über Jesus, ohne dass wir es bisher besonders hervorgehoben hätten: Nicht das „Evangelium" sagt, Jesus sei der Sohn Gottes, sondern die Christen behaupten das im Gegensatz zu Jesus selbst. So steht es etwa in Sure 9,30, Sure 19,88–93 und Sure 5,17.

Der Koran ist also der Meinung, dass er gegen die Verfälschung der Christen Partei ergreift für den wahren Jesus. Ein ähnliches Problem wirft die Behandlung des Kreuzestodes von Jesus im Koran auf, wie wir sahen. Dasselbe würde ein Vergleich der koranischen und biblischen Abrahamsgeschichten ergeben.

Auf eines muss aber noch zur Präzisierung des bisher Gesagten hingewiesen werden. Jacques Jomier zeigt in seinem Buch „Bibel und Koran"[16], dass die Aussagen des Korans selbst über die Fälschung der jüdischen und christlichen Schriften nicht so konsequent und eindeutig sind.

Die mittelalterlichen muslimischen Polemiker haben die Lehre von der Fälschung der jüdischen und christlichen Schriften dann aber

---

16 Jacques Jomier, Bibel und Koran, Wien 1962

konsequent ausgebaut. Mit der Fälschungsthese haben schon vor dem 7. Jahrhundert n. Chr. Sekten im Umkreis des Christentums gearbeitet, um ihre Sonderlehren gegen die biblische Botschaft durchzusetzen.

Wie stellt sich nun der Christ zu den Differenzen zwischen Koran und Bibel hinsichtlich der Person Jesus? Man möchte ja gern Koran und Bibel vergleichend lesen und darüber ins Gespräch kommen. Aber die muslimische Argumentation mit der Fälschung der biblischen Schriften ist nicht annehmbar. Die Theorie ist zu offensichtlich aus dem Vorurteil geboren: „... weil nicht sein kann, was nicht sein darf." Man muss die Frage nach der historischen Wahrheit stellen.

Haben erst die Christen Jesus zum Sohn Gottes gemacht? Interessanterweise hat das auch eine Reihe kritischer christlicher Theologen behauptet und nicht wenige behaupten es heute noch. Diese könnten sich leicht in ihrer kritischen Sicht der Bibel und ihrer Aussagen über Jesus mit den Muslimen verbünden. Wer die Auferstehung für eine Legende hält und den stellvertretenden Sühnetod von Jesus für eine dogmatische und mythologische Konstruktion, die Paulus und andere erfunden haben, der wird sich schnell mit Muslimen auf eine Prophetenrolle von Jesus verständigen. Den Texten der Bibel entspricht eine solche Sicht jedenfalls nicht.

Die Reihenfolge des Seins und die Reihenfolge des Erkennens

Der englische Theologe und Islamkundler Prof. Kenneth Cragg hat in einer mündlichen Erörterung in einem Seminar im Sommer 1965 in Jerusalem, an dem ich teilnahm, darauf hingewiesen, dass es zwei Perspektiven gibt, unter denen Jesus im Neuen Testament betrachtet wird. Er unterscheidet sie als „order of knowing" und „order of being", was man vielleicht so übersetzen darf: die „Reihenfolge des Erkennens" und die „Reihenfolge des Seins".

In Philipper 2,5–11 beispielsweise wird Jesus betrachtet und es wird über ihn gesprochen in der „Reihenfolge des Seins": Es beginnt damit, dass er „in göttlicher Gestalt" war, sich zum Menschen und gehorsamen Knecht erniedrigte und von Gott zum Herrn der Welt erhöht wurde.

In den Evangelien spiegelt sich eine andere Betrachtungsweise: Zuerst sehen die Menschen damals den Zimmermannssohn aus Nazareth. Manche gewinnen schnell die Erkenntnis, dass er ein bedeutender religiöser Lehrer ist. Durch die Wunder – etwa die Speisung der 5000 Menschen – wird die Erkenntnis entfacht, dass er der König Israels sein könnte; mancherlei verdrehte Messiasbegriffe werden auf ihn angewandt. Am Ende eines Erkenntnisweges, der durch Halbwahrheiten, verkehrte Anschauungen und Zweifel führt, steht das Bekenntnis des Thomas: „Mein Herr und mein Gott!" (Johannes 20,28).

Im ersten Kapitel des Johannesevangeliums kann man diese „Reihenfolge des Erkennens" sehen: Johannes der Täufer verkündigt: „Siehe, das ist Gottes Lamm, das der Welt Sünde trägt!" (Johannes 1,29). Daraufhin folgen zwei der Jünger des Johannes Jesus nach. Noch ist es nicht ihre eigene Erkenntnis, dass Jesus Gottes Lamm ist. Sie sagen: „Rabbi!" Sie halten ihn für einen Lehrer. Aber sie gehen mit ihm und in der Begegnung mit ihm wird ihnen klar: Das ist der verheißene Messias! Diese gewonnene Gewissheit teilt der eine von beiden, Andreas, gleich seinem Bruder mit.

Einer, der auch zu der Gewissheit kommt, ist Philippus. Er erzählt seine Erkenntnis dem Nathanael, der gegenüber der Person Jesus erhebliche Zweifel anmeldet und sich nicht gerade freundlich ausdrückt: „Was kann aus Nazareth Gutes kommen!" Philippus spricht zu ihm: „Komm und sieh!" (Johannes 1,46). Am Ende dieser Begegnung zwischen Nathanael und Jesus steht das Bekenntnis des Nathanael: „Rabbi, du bist Gottes Sohn, du bist der König von Israel!" (Johannes 1,49).

Ich möchte einen Vergleich zur Verdeutlichung benutzen:

Ich bin durch Zufall einem Menschen begegnet. Wir kannten uns vorher nicht. Er war für mich wie viele andere Menschen. Nun ergibt es sich, dass wir länger zusammen sind, ich lerne ihn kennen und entdecke, dass er erstens sehr freundlich ist und zweitens eine große musikalische Begabung hat. Das habe ich vorher nicht gewusst. Indem ich ihn kennen lernte, wurde er für mich der Mann mit der Freundlichkeit und der musikalischen Begabung. Das ist die „Reihenfolge des Erkennens"!

Aber ich kann nicht von mir sagen, ich hätte ihn zu dem freundlichen Mann und zum Musiker gemacht, er wäre es nicht gewesen, bevor ich diese Eigenschaften an ihm erkannt hätte. Er hatte schon die Eigenschaften, bevor ich ihn kennen und schätzen lernte. Nur in meiner Erkenntnis wächst er von einem durchschnittlichen Menschen ohne besondere Kennzeichen zu dem Mann mit den liebenswürdigen Eigenschaften.

Auf Jesus angewandt: Er ist der Sohn Gottes, der Messias, der Menschensohn-Weltrichter, der Herr, bevor ich ihn als solchen erkenne und anerkenne und bevor die Christen das von ihm verkünden. Aber der Weg der Erkenntnis über Jesus führt von dem Zimmermann aus Nazareth zum Sohn Gottes. Jedoch macht man den Menschen Jesus damit nicht vom Zimmermann zum Sohn Gottes.

Der Weg unserer Erkenntnis wird nicht beim Sohn Gottes beginnen. Man kann zu Jesus kommen mit einer sehr kritischen Meinung über seine Person. Es bleibt ein Werk des auferstandenen Herrn Jesus Christus, dass er einem Menschen, der fragend zu ihm kommt, die Augen für die tatsächliche Bedeutung seiner Person beim Lesen des Neuen Testamentes oder beim Hören des Evangeliums öffnet.

Um Gewissheit über Jesus zu gewinnen, gilt immer die Aufforderung: „Komm und sieh!" (Johannes 1,46).

3. Teil   Die Umarmung durch Hinduismus und Buddhismus

Hinduismus ist eine nach Indien erst später von außen hineingetragene Bezeichnung für ein vielgestaltiges Religionsmosaik. Die Zugehörigkeit zu einer Kaste, in die man hineingeboren wird, ist eigentlich die Grundlage. Man darf also nie übersehen, dass der Hinduismus auch und vor allem ein Sozialsystem ist.

„Steht und fällt die biblische Botschaft damit, dass sie Christus als den Herrn aller Herren und als die Wahrheit verkündet, so sieht der Hinduismus seine Stärke darin, dass er keine exklusive Bindung an eine entscheidende Gottesoffenbarung in der Zeit anerkennt. Er umfasst in seiner Geschichte eine Fülle von Entwicklungsstufen, die nicht nur historisch aufeinanderfolgen, sondern die auch unangefochten nebeneinander bestehen können – Wege (marga), deren jeder die Verheißung der Vollendung in sich tragen kann, je nach der inneren Reife derer, die sich dieser Wege bedienen. So kann der Hinduismus eine ganze Skala möglicher Formen religiöser Verwirklichung gelten lassen, vom Dämonendienst bis zur abstraktesten philosophischen Spekulation, die sogar atheistisches Gepräge tragen mag. Außerdem löst sich von hier aus das Problem der Vielfalt der Religionen."[17]

Denn die verschiedenen Religionen bilden für den Hinduisten letzten Endes eine Einheit. Im Hinduismus wird gelegentlich das Gleichnis von den Blinden erzählt, die einen Elefanten betasten. Sie begreifen und beschreiben nur Teile, meinen aber irrtümlicherweise, sie hätten die ganze Wahrheit.

Sri Ramakrishna (1834–1886), der die All-Einheit des Göttlichen in einer Zusammenschau der Religionen verkündigte, gebraucht ein anderes Gleichnis: „Ein See besitzt mehrere Wasserstellen. An der

---

17 Hans Werner Gensichen, Hinduismus II. Die biblische Botschaft gegenüber dem Hinduismus, in: Die Religion in Geschichte und Gegenwart, 3. Auflage, Band 3, Spalte 349 f.

einen holen Hindus ihr Wasser und nennen es jal. An einer anderen schöpfen die Muslime Wasser in Ledereimern und nennen es pani. An einer dritten Stelle sind die Christen, die von ,Wasser' sprechen. Wie lächerlich wäre es, hier nur jal oder nur pani oder nur ,Wasser' zu sehen! Die Substanz ist eine, aber die Namen sind verschieden; unter jedem Namen wird die gleiche Substanz gesucht und gefunden. Die Unterschiede beruhen lediglich auf Differenzen des Klimas, des Temperaments und der Sprache."[18]

Die Verehrung der zahllosen Götter ist im Hinduismus eine niedere Stufe gegenüber dem eigentlichen Ziel, der Vereinigung des Selbst mit dem Absoluten. Da die Forderungen des Heilsweges schwer sind, wird schon in der Bhagavadgita – einer der heiligen Schriften des Hinduismus[19] – ein „leichterer Weg" gezeigt: Die Hinwendung zu einem persönlichen Gott, den man sich wählen kann (ishtadvata). Dieser Gott ist aber nur eine Erscheinungsform des höchsten Seins (brahman).

Der Hinduismus kennt auch sogenannte Herabkünfte (avatara), mit denen ein Gott menschlich erscheint und in eine Notsituation eingreift.

Wir erleben gerade, wie dieses religiöse Muster weltweit kommerziell genutzt wird, weil es offensichtlich die Sehnsucht der Menschen trifft. Die amerikanische Firma Linden Lab bietet im Internet „Second Life", ein zweites Leben an. Unter dem Motto „Erfinde dich selbst", „Sei endlich frei", gibt sie die Möglichkeit, sich in einer virtuellen Welt eine neue Person mit Name, Geburtsdatum und Figur zuzulegen. Diese Personen werden „Avatare" genannt. Man kann Land kaufen, Häuser bauen, heiraten, Konzerte besuchen und alles tun, was man im „ersten" Leben nicht schafft. Millionen machen angeblich schon mit. Allerdings ist diese neue Welt letzten Endes auch vom Geld abhängig. Eine Eheschließung kostet aktuell 10 Lin-

---

18 Zitiert bei M. M. Thomas, Christus im neuen Indien, Reform-Hinduismus und Christentum, Göttingen 1989, S. 75f.
19 Deutsche Übersetzung: Peter Schreiner, Bhagavad-Gita, Wege und Weisungen, Zürich 1991.

den-Dollar, die Scheidung 25. Während ich diese Zeilen schreibe, bekommt man für 270 Linden-Dollar einen echten US-Dollar. Große Firmen haben ihre Repräsentanzen in „Second Life" eröffnet, weil sie ein Geschäft wittern.

Die Erfinder bieten sehnsüchtigen Erdbewohnern die Aussicht auf ein Leben wie das einer menschgewordenen Gottheit, mit unbegrenzten Möglichkeiten – eben als Avatar. Ein Beobachter dieser Welt zieht allerdings eine ernüchternde Zwischenbilanz: „Da wird ein zweites Leben verheißen, mit fast grenzenlosen Möglichkeiten, und was tun jene, die es wagen wollen? Sie bauen Häuser, obwohl es niemals regnet und ihre Avatare keine Wohnungen brauchen; sie bauen Straßen, obwohl ihre Figuren fliegen können. Und am Ende nennen sie ihre Städte auch noch Dublin, Amsterdam oder Venice Beach."[20]

Zurück zur indischen Religion. Eine Deutung der Menschwerdung Gottes in Jesus Christus als ein Avatar liegt nahe. Jesus wird in die Welt der 300 Millionen Götter einbezogen, die der Hinduismus kennt. Was dabei mit Jesus passiert, können wir uns an zwei Beispielen deutlich machen.

Hinduismus: Sarvepalli Radhakrishnan (1888–1975)

Radhakrishnan war führender Denker des modernen Hinduismus und lehrte zunächst als Religionswissenschaftler in Oxford (1936–1952), dann war er Vizepräsident (1952–1962) und Staatspräsident Indiens (1962–1967).

Er lehrte, dass das Heil durch Erkenntnis (jnana) des Absoluten (brahman) zu erlangen ist.

„Die Grundwahrheiten einer spirituellen Religion besagen, dass das höchste Sein unser eigentliches Selbst ist, das wir zu entdecken haben und dessen wir zunehmend bewusst werden müssen, in dem

---

20 Stefan Tomik, „Dollars am Geldbaum", in: FAZ vom 27.3.2007, Nr. 73, S. 4.

alles in allem ist." – „Die Grunderfahrung, auf die alles ankommt, ist die Erfahrung des wesenhaften Einsseins mit dem gesamten Sein."[21]

Von dieser Grundlage aus deutet Radhakrishnan Jesus. Er unterscheidet jüdisches und griechisches Denken im Christentum. Die Deutung von Jesus nach jüdischen Maßstäben lehnt er ab. Das griechische Denken sieht er als dem indischen verwandt an. Jesus versteht er als „Mystiker, der an das innere Licht glaubt, der das Ritual ignoriert und legalistischer Frömmigkeit abhold ist".[22]

Wie sieht er die Kreuzigung von Jesus? „Die Selbstaufgabe des Ichs bedeutet Identifikation mit größerer Fülle des Lebens und Bewusstseins. Die Seele wird zu einer Erfahrung ihrer Universalität erhoben. Als Einzelner hat Christus in Gethsemane gewünscht, dass der Kelch an ihm vorübergehe. Entgegen diesem seinem persönlichen Wunsch erwies sich das Geheimnis des Kreuzes als die Kreuzigung des Ich und die Hingabe an den Willen Gottes: ‚Dein Wille geschehe'".[23]

Auch die Auferstehung deutet er um: „Die Auferstehung bedeutet nicht, dass die Toten aus ihren Gräbern hervorgehen, sondern den Übergang aus dem Tod der Selbstsucht in das Leben selbstloser Liebe, das Hinüberschreiten aus der Finsternis des selbstsüchtigen Individualismus in das Licht des universalen Geistes, aus dem Irrtum in die Wahrheit, aus der Versklavung an die Welt in die Freiheit der Ewigkeit."[24]

Das Leben von Jesus sei nicht „bloßes historisches Geschehen". Ihm geht es mehr um die spirituelle Wertschätzung von Christus. „Christus wurde in den Tiefen des Geistes geboren, und wir sagen, dass er nach dem Leben am Kreuz starb und wieder auferstand. Diese Aussagen beziehen sich nicht so sehr auf historische Ereignisse, die einmal in der Geschichte geschehen sind, als vielmehr auf universale Prozesse geistlichen Lebens, die sich in der Seele der Menschen im-

---

21 M. M. Thomas, S. 105.
22 M. M. Thomas, S. 107.
23 M. M. Thomas, S. 108.
24 a. a. O.

mer wieder von Neuem abspielen. Wenn man sich daran erinnert, wie die Geschichte Krishnas gedeutet wird, dann kann man auch geneigt sein, das Werk Christi als eine Errungenschaft der Seele, einen Zustand herrlicher Erleuchtung zu betrachten, in dem die göttliche Weisheit zum Erbteil der Seele geworden ist."[25]

Christus ist für Radhakrishnan keine letzte Autorität: „Ein zeitgebundenes, endliches Symbol kann nicht als einzigartig, endgültig und absolut gelten."[26] Damit sind wir wieder ganz nah bei Lessing. Radhakrishnan kritisiert das Christentum, weil es „in seinem Verständnis Christi als des ‚einzigen Sohnes Gottes' den semitischen Glauben an den ‚eifersüchtigen Gott' fortgesetzt hat und daher keine Rivalen neben diesem Thron dulden konnte."[27] Er erwartet „eine Weltgesellschaft mit einer Universalreligion, der die historischen Religionen lediglich wie Zweige an einem Baum zugeordnet sind".[28]

„Es ist nicht so sehr eine Vermischung der Religionen, die die Welt sucht, sondern eher eine Gemeinschaft der Religionen, die auf der Grundlage der gemeinsamen religiösen Erfahrung der Menschen beruht. Die unterschiedlichen religiösen Überlieferungen benutzen unterschiedliche Bilder, um die eine höchste Wahrheit auszudrücken. Deshalb können und sollen ihre Einsichten einander befruchten, sodass der Menschheit eine vielgestaltige Vollkommenheit zugänglich wird: Die Strahlen der Spiritualität des Hinduismus, der gläubige Gehorsam des Judentums, die Schönheit des Lebens im griechischen Heidentum, das edle Mitleiden im Buddhismus, die Vision der göttlichen Liebe im Christentum und der Geist der Hingabe an den souveränen Herrn im Islam. Sie alle stellen unterschiedliche Aspekte inneren Lebens des Geistes dar, Projektionen der unaussagbaren spirituellen Erfahrungen auf der Ebene des Intellekts."[29]

Die Vereinnahmung von Jesus im neuhinduistischen System geschieht um den Preis, dass die biblischen Kernaussagen wegradiert

25 M. M. Thomas, S. 109.
26 M. M. Thomas, S. 114.
27 a. a. O.
28 M. M. Thomas, S. 115.
29 M. M. Thomas, S. 115 f.

werden und Jesus als eine Inkarnation unter anderen in die hinduistischen Systeme eingeordnet wird.

Die Auseinandersetzung mit dieser Gesamtschau ist heute dringend notwendig. Bis hin zu den vielgestaltigen Systemen der New-Age-Bewegung hat sich die monistische Weltsicht in Europa sehr stark verbreitet.

Monismus heißt hier: Schöpfer und Schöpfung werden nicht als letztgültiges Gegenüber gesehen. Gott, Welt und Mensch sind eins. Erlösung ist ein Prozess des Innewerdens dieses ganzheitlichen Zusammenhangs. Für diese Erkenntnis mag Jesus als Modell von Bedeutung sein. Er ist Vorbild und Lehrer auf dem Weg der Erkenntnis, aber nicht Mittler in dem Sinne, dass er durch sein Sterben und Auferstehen den von Gott getrennten Menschen mit dem Schöpfer versöhnt.

Der Inder Paul D. Devanandan (1901–1962) – Literatursekretär des YMCA (Young Men's Christian Association), Professor der Religionsgeschichte am United Theological College, Bangalore, und erster Direktor des Christian Institute for the Study of Religion and Society, Bangalore – setzte sich mit Radhakrishnan gründlich auseinander. Er betonte im Widerspruch zu dessen Lehre, dass „das, was Gott in Jesus getan hat, für alle Menschen geschehen ist. Der Anspruch der Einzigartigkeit ist in Wirklichkeit eine Behauptung der Allgemeingültigkeit. Christen glauben, dass in Christus der allmächtige Gott sich selbst eine Zeit lang mit dem Menschen und seinem Ringen um Vollkommenheit und um die Verwirklichung seines wahren Wesens identifiziert hat. Diese Identifikation eröffnet eine neue Ära in der Schöpfung. Sie markiert den Anfang einer erlösenden Bewegung, die die gesamte Menschheit umschließt, d.h. die Gemeinschaft aller Menschen und Völker, ohne Rücksicht auf Glaubensbekenntnis, Sprache und Rasse. Nicht nur will der Christ nicht exklusiv sein und andere von der Teilhabe ausschließen – er möchte die ganze Menschheit teilnehmen lassen an seinem Glauben, dass sich hier der kosmische Prozess einer neuen Schöpfung vollzieht."[30]

---

30 M. M. Thomas, S. 123.

Hinduismus: Mahatma Gandhi (1869–1948)

Von Gandhi ist bekannt, dass er Jesus hoch geschätzt hat. Gandhi sagte: „Jesu ganze Verkündigung, wie ich sie verstehe, ist in der Bergpredigt zusammengefasst. Der Geist der Bergpredigt hat von meinem Herzen fast ebenso Besitz ergriffen wie die Bhagavadgita. Die Bergpredigt ist es, die mir Jesus liebgemacht hat."[31]

Für Gandhi ist Jesus der größte „Satyagrahi" (der die Wahrheit ergriffen hat). Grundlegend für Gandhi ist die Gewaltlosigkeit (Ahimsa). Die Bergpredigt ist für ihn wichtig, weil in ihr die Gewaltlosigkeit verkündet wird. Gewaltlosigkeit ist der Weg zur Wahrheit. „Meine gesamte Erfahrung hat mich zu dem Glauben geführt, dass es keinen anderen Gott als die Wahrheit gibt und dass kein anderer Weg zur Wahrheit führt als Ahimsa. Erst wenn man sich Ahimsa zu eigen gemacht hat, kann man die Fülle der Wahrheit erreichen. Wer den universalen, alles durchdringenden Geist der Wahrheit zu Gesicht bekommen will, muss imstande sein, auch die niedrigste Kreatur zu lieben wie sich selbst. Es gibt kein Lebensgebiet, das dabei nicht berührt würde."[32]

Jesus hat für Gandhi eine ausgesprochen partielle Bedeutung – nämlich insoweit er ins System Gandhis hineinpasst. An den für die Bibel entscheidenden Punkten lehnt Gandhi ihre Sicht ab. Jesus ist für ihn „ein schönes Beispiel". „Die ideale Gestalt Christi, geduldig, freundlich, liebevoll, immer zum Vergeben bereit, er, der seine Jünger lehrte, Unrecht nicht zu vergelten und auch noch die andere Wange darzubieten, wenn man geschlagen würde – das alles erschien mir als schönes Beispiel des vollkommenen Menschen."[33]

„Ich kann wohl sagen, dass ich an einem historischen Jesus niemals interessiert gewesen bin. Mir würde es nichts ausmachen, wenn bewiesen würde, dass der Mensch, der Jesus hieß, nie gelebt habe und dass die Berichte der Evangelien lediglich Produkte schriftstel-

---

31 M. M. Thomas, S. 140.
32 M. M. Thomas, S. 135.
33 M. M. Thomas, S. 141.

lerischer Einbildung gewesen seien; denn auch dann wäre die Bergpredigt für mich immer noch wahr."[34]

Gandhi meinte, dass die Botschaft von der Versöhnung und Rechtfertigung des Sünders durch Jesus letzten Endes den sittlichen Impuls des Menschen lähme, weil sie die Sünde entschuldige. Die Erfüllung des Ahimsa-Gesetzes hänge von der sittlichen Bemühung ab. Die Erkenntnis der Wahrheit geschieht für Gandhi ja durch die Bemühung des Menschen auf dem Weg der Gewaltlosigkeit.

Gandhi geht davon aus, dass die Geschichte der Menschheit vom Kannibalismus zu einer ernsthaften Aneignung der Gewaltlosigkeit fortschreitet. „Wenn wir davon überzeugt sind, dass die Menschheit sich stetig in die Richtung auf Ahimsa fortbewegt hat, dann folgt daraus, dass sie diesem Ziel noch immer näherkommen muss; denn niemand kann sich dieser fortdauernden Bewegung entziehen außer Gott selbst."[35]

Die beeindruckende Hingabe Gandhis an dieses Ideal kann nicht darüber hinwegtäuschen, dass wir Menschen gerade an diesem Ideal auf schreckliche Weise scheitern. Nichts weist darauf hin, dass wir uns in der Geschichte der Menschheit auf immer mehr Gewaltlosigkeit hinbewegen. Nicht nur die Geschichte Indiens nach Gandhi ist dafür eine traurige Illustration. Wo Sünde nicht als Grundproblem der Trennung zwischen Schöpfer und Geschöpf ernst genommen und wirkliche Vergebung erfahren wird, kann es für uns keinen Neuanfang geben. Wir werden uns immer wieder in der Sackgasse der Illusion des Glaubens an uns selbst festfahren.

Der Inder Paul D. Devanandan antwortete Gandhi, „dass christliche Sittenlehre nicht mit dem christlichen Glauben zu verwechseln ist. Insoweit zeigt auch die Bergpredigt nicht das Wesen des christlichen Glaubens. Jesus ist nicht nur ein Sittenlehrer, ... für den christlichen Glauben ist Jesus Christus die Selbstmanifestation des gerechten und gnädigen Gottes, seiner Gerechtigkeit und seiner Liebe. Es sind also

---

34 A. a. O.
35 M. M. Thomas, S. 137.

Person und Werk Jesu Christi, nicht aber nur die Bergpredigt, die im Mittelpunkt des christlichen Glaubens stehen. Wert und Geltung der Bergpredigt sind abgeleitet; denn allein die Gnade Gottes in Jesus Christus ist die Kraft, durch die ein so hohes Ideal des Guten, wie es die Bergpredigt beschreibt, ermöglicht ist. Ihre Ethik der absoluten Liebe wird nur dann für die Menschen zur Möglichkeit, wenn sie durch Neuschöpfung in Christus völlig verwandelt sind."[36]

Buddhismus

Der Buddhismus ist aus dem frühen Hinduismus entstanden. Gemeinsam ist ihnen die Auffassung vom Karman, der Auswirkung von guten und bösen Taten auf den Kreislauf der Wiedergeburten. Gute Taten bewirken gutes Karman, böse Taten schlechtes Karman. Das Karman bestimmt die Lebensweise. Jeder erlebt im Kreislauf der Wiedergeburten, was er verdient. Indem man das Leid erduldet, wird schlechtes Karman vernichtet. Erwirbt man gutes Karman, wird man auf einer höheren Stufe wiedergeboren. Hinduismus und Buddhismus lehren auch gemeinsam, dass asketische und meditative Übungen zu den Erlösungswegen gehören.

Der Buddhismus geht auf Siddharta Gautama zurück, der in der Adelsrepublik der Shakyas im indisch-nepalesischen Grenzgebiet geboren wurde. Sein Vater war Oberhaupt einer regierenden Familie und gehörte zur Kaste der Kshatriya. Mit 29 Jahren verlässt Siddharta seine Familie und sucht Erlösung vom Leiden durch extreme Askese. Nach sechs Jahren gibt er auf und wird von seinen Schülern verlassen. Er sucht Erholung am Ufer des Nairanjana. Unter dem Bodhi-Baum, dem Baum der Erleuchtung, schaut er in der Meditation den Weg der Erlösung. Er wird zum Buddha (Erwachter, Erleuchteter) und erreicht das Nirwana, d.h. er weiß, dass er nicht wiedergeboren werden wird.

Er fasst den Entschluss, seine Erkenntnis bekannt zu machen, und wandert nach Varanasi (Benares). Dort werden fünf Wanderasketen

---

36 M. M. Thomas, S. 161.

durch seine Predigt bekehrt. Der Buddha gründet einen Sangha, eine Ordensgemeinschaft der Mönche. Er lebt 45 Jahre in Uttar Pradesh und Bihar und stirbt im Alter von 80 Jahren. Der Tod des Buddha wird meist um 486 oder 480 v. Chr. datiert. Nach indischer Tradition allerdings erst 368, nach japanischer 386, nach ceylonesischer schon um 543.

Der Buddha lehrt die vier heiligen Wahrheiten:
♦ Erstens: Alles Leben ist Leiden.
♦ Zweitens: Das Begehren, der Durst, hält den Menschen im Daseinskreislauf (Samsara) und führt zur Wiederverkörperung. Die Wiedergeburten sind durch das Karman-Gesetz bestimmt. Es gibt fünf Orte der Wiederverkörperung: Hölle, Tierwelt, Gespensterreich, Menschenwelt, Götterwelt.
♦ Drittens: Das Auslöschen allen Begehrens ist das Nirwana: „Dies ist die Wahrheit von der Aufhebung des Leidens: Es ist die restlose Abwendung vom Begehren, das Erlöschen, Verwerfen, Aufgeben des Begehrens."[37]
♦ Viertens: Der achtgliedrige Pfad Buddhas zeigt den Weg zu dieser Erlösung. Dazu gehören zunächst das Erkennen der vier heiligen Wahrheiten und dass es kein ewiges Selbst (atman) gibt, dann sittliches Verhalten und die richtigen Methoden der Meditation (Yoga).

Die Ethik ist nach buddhistischem Verständnis Teil des Erlösungsweges. Das Ziel ist die Beherrschung der Sinne. Güte, Mitleid, Mitfreude, Gleichmut, absichtslos gutes Handeln werden gefordert. Fünf Minimalregeln sind: Nicht töten, nicht stehlen, sexuelle Ausschweifung vermeiden, nicht lügen, keine Rauschmittel verwenden. Zur Verwirklichung des Erlösungsideals dienen 220 Verbote und viele weitere Verfahrensregeln.

Der Buddha ist Wegweiser, nicht Erlöser. Die erlösende Erkenntnis kann grundsätzlich auch ohne den Buddha gewonnen werden.

---

37 Hans Küng, Heinz Bechert, Buddhismus, in der Reihe „Christentum und Weltreligionen", GTB 781, 2. Auflage, Müchen 1990, S. 32.

Es gibt nach buddhistischer Lehre keinen Gott, der die Welt erschaffen hat und regiert. Religionen (Glaube an Götter) werden allerdings zur Befriedigung sozialer Bedürfnisse geduldet.

Wenn man von einer europäischen Trendreligion sprechen will, dann ist es der Buddhismus. Die Popularität des Dalai Lama, des Oberhauptes des tibetischen Buddhismus, ist dafür nur ein Hinweis. Worin liegen die Gründe für diese Popularität vor allem unter Intellektuellen, Künstlern und Medienleuten? Der Dalai Lama beschreibt in seinen Büchern den „Weg zum Glück. Sinn im Leben finden" und „Die Regeln des Glücks". Das klingt nicht nach Leiden und Verzicht, aber nach Weisheit, die in der gierigen Hetze des Materialismus auf der Strecke geblieben ist.

Zunächst knüpft der Buddhismus problemlos an den Atheismus an. Es gibt letzten Endes keinen Gott. Der materialistische Atheismus ließ in seiner aggressiven Diesseitigkeit die Seelen verhungern. Spiritualität ist gefragt. Aber natürlich keine anmaßend exklusive. Der Kunde ist König. Wir sind es gewohnt, aus reichen Angeboten nach unseren Bedürfnissen auszuwählen. Der Buddhismus eröffnet hinreichend viele verschiedene Wege.

Es ist nicht zu übersehen, dass eine schroffe Absage an alles Begehren in der westlichen Wohlstandsgesellschaft nicht wirklich von vielen geschätzt wird. Aber eine gewisse, zeitweise Askese bekommt der seelischen Verdauung doch ganz gut. Das monistisch-spirituelle Weltbild entspricht auch den ökologischen Einsichten. Vielleicht geht man mit der Natur, wenn sie vergeistigt und vergöttlicht ist, rücksichtsvoller um, als wenn man sie als Steinbruch für rücksichtslose Wunscherfüllung benutzt.

Nur eines darf nicht übersehen werden: Den Buddhismus kann man auf keinen Fall in die Behauptung einbeziehen, dass wir doch im Grunde alle an einen Gott glauben. Nach Buddhas Lehren gibt es keinen Gott. Und die Erlösung ist ausschließlich die Leistung, die der Mensch selbst zu vollbringen hat und selbst nach buddhistischer Lehre nur in seltenen Ausnahmen schafft.

Einen größeren Gegensatz zum Evangelium von Jesus Christus kann es nicht geben. Gott gibt sich in Jesus als der Schöpfer, Erhalter und Vollender der Welt zu erkennen. Der Mensch ist sein Gegenüber und hat dadurch eine einzigartige, ewige Identität und Würde. Nein, das Ziel ist nicht, in einem Nirwana ausgelöscht zu werden, sondern Gottes Herrlichkeit zu sehen und in ewiger Gemeinschaft mit Gott zu leben. Gott sucht in Jesus uns Sünder und begnadigt uns. Gott selbst trägt stellvertretend für uns das Gericht am Kreuz. Er schenkt uns mit der Vergebung der Sünden die Freiheit und das ewige Leben. Schon jetzt freuen wir uns an der Gemeinschaft mit Gott, auch wenn noch Leid, Anfechtung und Tränen zur Last des Lebens gehören. Aber das Licht und die Kraft der zukünftigen Herrlichkeit von Gottes neuer Welt strahlen schon in diese Zeit. Wir leben kräftig, voll Zuversicht, und sterben getrost, weil nichts uns scheiden kann von Jesus Christus.

4. Teil **Entscheidungen**

Christus oder Christentum?

Ich trete nicht für den Absolutheitsanspruch des Christentums ein. Das Christentum ist ein System, das Menschen im Laufe der Geschichte geschaffen haben. Jesus Christus sprengt dieses System. Das Christentum ist immer wieder zu einer Religion der Selbsterlösung des Menschen gemacht worden: Wenn man bestimmte Verhaltensregeln befolge, bestimmte Gebote halte, bestimmte religiöse Riten vollziehe, dann sei man vielleicht auf dem Weg, Christ zu werden. Der von Gott getrennte Mensch versucht immer wieder, durch sein eigenes Tun mit Gott zurechtzukommen. Das nenne ich eine Religion der Selbsterlösung.

Jesus Christus aber ist Gottes Geschenk an die Welt. Dadurch, dass der Weltrichter selber das Gericht auf sich nimmt, werden wir Menschen begnadigt, freigesprochen und mit Gott versöhnt. Gemeinschaft mit Gott wird durch die Vergebung der Sünden geschenkt. Deshalb kann jeder sie erhalten. Religion, Kultur, Rasse, Kaste und Klasse spielen als Voraussetzung keine Rolle. In Jesus Christus begegnet uns der eine Gott für alle Menschen.

Das Christentum war leider auch immer wieder ein System der Selbstbehauptung und des Machtkampfes zwischen Menschen. Dabei wurden die Mittel und Waffen der Gewalt und des Zwangs gebraucht. Das hat der Glaubwürdigkeit des Evangeliums von Jesus Christus schwer geschadet.

Christen haben zwei Aufgaben in dieser Welt, nämlich Salz der Erde und Licht der Welt zu sein. Licht sind sie dadurch, dass sie das Licht der Welt, Jesus Christus, widerspiegeln und auf ihn hinweisen. Er allein ist der Retter. Alle Menschen sollen ihn kennen lernen. Seinen Namen dürfen wir nicht verschweigen. Ihm allein wollen wir Christen folgen. Auch gegen die Trends der Mehrheitsmeinungen.

Auch wenn es Nachteile und Verfolgung bringt. „Man muss Gott mehr gehorchen als den Menschen (Apostelgeschichte 5,29)."

Als Salz der Erde haben Christen eine Verantwortung für Gottes geliebte Welt, auch für die Menschen, die sich dem Evangelium von Jesus Christus nicht öffnen. „Suchet der Stadt Bestes... und betet für sie zum Herrn", lässt Gott dem Volk Israel im Exil durch den Propheten Jeremia (29,7) ausrichten. Und Paulus schreibt: „So ermahne ich nun, dass man vor allen Dingen tue Bitte, Gebet, Fürbitte und Danksagung für alle Menschen, für Könige und für alle Obrigkeit, damit wir ein ruhiges und stilles Leben führen können in aller Frömmigkeit und Ehrbarkeit. Dies ist gut und wohlgefällig vor Gott, unserm Heiland, welcher will, dass allen Menschen geholfen werde und sie zur Erkenntnis der Wahrheit kommen" (1. Timotheus 2,1–4). Im Galaterbrief (6,10) schreibt Paulus: „Solange wir noch Zeit haben, lasst uns Gutes tun an jedermann, allermeist aber an des Glaubens Genossen."

Nicht alle Christen haben zu allen Zeiten und in allen Ländern Freiheit und Rechtsstaatlichkeit genießen können. Das Volk Gottes hat auch in Terrorsystemen überlebt und wird weiterhin unter dem Schutz und in der Kraft des auferstandenen und wiederkommenden Herrn Jesus Christus in solchen Verhältnissen leben. Aber wo wir die Möglichkeit haben, das Leben in einem Land mitzugestalten, da müssen wir es tun. Nein, wir wollen nicht das Reich Gottes auf Erden errichten. Wo das versucht wurde, war das Ende immer Terror, Gewalt, Blut und Tod. Es geht um bescheidene Schritte zu etwas mehr Gerechtigkeit für die Schwachen und Armen. Es geht um etwas mehr Versöhnung anstatt Hass und Krieg, wo immer möglich. Es geht um etwas menschlichere Lebensbedingungen, wo nötig.

Christen, die die Fähigkeiten dazu haben, sollen sich auf allen Ebenen einbringen, das gemeinschaftliche Leben zu gestalten. In der politischen Arbeit sind Kompromisse wichtige Instrumente, um kleine oder größere Schritte in Richtung auf die gewünschten Ziele vorwärts zu tun. Da gilt es, auch mit Menschen anderen Glaubens und anderer weltanschaulicher Überzeugungen zusammenzuarbeiten. Ziele und Schritte, sie zu erreichen, müssen verabredet werden. Wer

Hoffnung hat, kann die kleinen Schritte mit Geduld und Ausdauer gehen. Wer keine Hoffnung hat, will alles jetzt oder nie.

Ich sage es ganz offen: Ich bedaure, dass zu viele Christen keine Verantwortung für das Leben in der Gesellschaft übernehmen. „Politik verdirbt den Charakter", sagen manche. Wenn man die Politik denen überlässt, die ihre egoistischen Interessen durchsetzen, ihre Machtgier und ihren Geltungsdrang befriedigen wollen, dann bekommt man eine entsprechende Politik. Diese Kritik sollte aber niemand üben, der selbst nicht bereit ist, die Schwerarbeit geduldig zu tun. In der Politik geht es nicht um das Heil der Menschen, sondern um ihr Wohl. Staat und Regierung sollen sich aus Glaubenssachen heraushalten. Wir hatten in Europa allzu lange Regierungen, die die Menschen weltanschaulich – mal christlich, mal neuheidnisch-nationalsozialistisch, mal atheistisch-kommunistisch – bevormundet haben. Das hat den Menschen schwer geschadet.

Der Staat soll weltanschaulich neutral sein. Aber ein freiheitlicher Rechtsstaat kann nicht ohne Werte und Grundrechte existieren. Eine Demokratie lebt von Voraussetzungen, die Staat und Regierung selber nicht schaffen können. Nichts ist leichter anzutasten als die Menschenwürde. Dass sie unverletzlich ist, dass Recht und Gerechtigkeit gelten müssen, muss von hinreichend vielen Menschen in einer Gesellschaft freiwillig und mit Überzeugung gewollt werden. Mit Gesetzen, Polizei, Gerichten, Strafen und Gefängnissen kann man nur mit Not die schlimmsten Auswüchse der Ungerechtigkeit und Unmenschlichkeit verhindern. Man kann niemanden zum Guten zwingen. Wir brauchen aber möglichst viele Bürgerinnen und Bürger, die die Grundrechte mit Überzeugung leben, auch in Situationen, wenn sie zum eigenen Nachteil und zum Vorteil anderer sind.

Freiheiten, die wir nicht in Anspruch nehmen, werden wir verlieren. Das gilt auch für die Religionsfreiheit. Artikel 18 der Allgemeinen Erklärung der Menschenrechte der UNO sagt, dass der Wechsel der Religion ausdrücklich zur Religionsfreiheit gehört. Natürlich ist meine Religionsfreiheit auch die des Andersgläubigen. Ich trete dafür ein, dass jeder Mensch zu der Religion oder Weltanschauung seiner

Wahl übertreten kann. Ich möchte aber auch gesichert sehen, dass wenigstens in Deutschland Muslime Christen werden können, ohne dass sie Angst vor der Rache und Gewalt ihrer Verwandtschaft haben müssen. Leider ist das noch nicht der Fall.

In einer freien Gesellschaft muss das Recht bestehen, öffentlich für den Glauben einzutreten und zu werben. Wir haben diese Freiheit in Deutschland. Ob wir sie nutzen, ist eine andere Frage. Natürlich schmeckt es den Verächtern des christlichen Glaubens nicht, wenn engagierte Christen öffentlich wirksam zum Glauben an Jesus Christus einladen. An medialen Einschüchterungsversuchen und miesem Meinungsjournalismus in dieser Hinsicht fehlt es nicht. Missionarische Christen werden in die Nähe islamistischer Terroristen gerückt und als Bedrohung demokratischer Freiheit dargestellt. Leider ziehen sich viele Christen in vorauseilendem Gehorsam feige aus der Öffentlichkeit zurück und verkriechen sich im Winkel gemütlicher Hauskreise. Hauskreise sind sehr hilfreich, aber nicht als Versteck. Wir Christen haben die Aufgabe, das Evangelium dialogfähig, einladend und herausfordernd in der Öffentlichkeit zu bezeugen. Öffentlichkeit findet heute vor allem in den Medien statt. An zweiter Stelle auch in öffentlichen Veranstaltungen.

Martin Luther hat die Gottesdienste in deutscher Sprache eingeführt und hat sie einen „öffentlichen Anreiz" zum Glauben genannt. Leider finden die meisten Gottesdienste heute unter Ausschluss der Öffentlichkeit statt. Es gibt aber genug Mittel und Wege, das zu ändern, wenn es gewollt wird.

Christus oder Religion?

Wir haben uns mit Positionen verschiedener Religionen ansatzweise auseinander gesetzt. Was die Wertung von Religion angeht, hat es in der evangelischen Theologie der letzten Jahrzehnte einen Stimmungsumschwung gegeben. Einige Jahrzehnte lang im 20. Jahrhundert wurde Religion unter dem Einfluss des Theologen Karl Barth sehr kritisch beurteilt. Die Bibel kam mit ihrer Kritik an der von Menschen produzierten Religion stark zur Geltung.

Schon auf der ersten Seite der Bibel werden Sonne, Mond und Sterne schlicht als von Gott installierte Beleuchtungskörper dargestellt. Das ist beißende Kritik an der damals wie heute herrschenden Schicksalsgläubigkeit, die sich an den Gestirnen wie an göttlichen Mächten orientiert.

Jesaja spricht voller Spott von den Götzenmachern, die eine Hälfte eines Baumes zu Brennholz verarbeiten und Suppe darauf kochen und die andere zu einem Gottesbild, das sie anbeten (Jesaja 44,6–20). Dabei geht es ja nicht nur um Gottesbilder, die aus Materialien hergestellt werden, sondern auch um die geistigen Produkte von Gottesvorstellungen.

Ich sagte, es gab in dieser Hinsicht einen Stimmungsumschwung in der evangelischen Theologie, der sich in den evangelischen Kirchen inzwischen breit auswirkt. Die katholische Theologie hatte immer eine etwas positivere Sicht der Religion an sich, die ich nicht teile. Das will ich hier nicht kommentieren.

Viele Theologen meinten, sie könnten in der Bibel nicht mehr Gottes Offenbarung betrachten, sondern nach den Maßstäben historischer Forschung nur die religiösen Überzeugungen bestimmter Menschen. Man fragte nur noch nach den Glaubensüberzeugungen verschiedener Autoren zu verschiedenen Zeiten in unterschiedlichen historischen und kulturellen Situationen. Diese Überzeugungen wurden durchaus als anregend für uns heute gewertet, aber eben nicht als verbindliche Offenbarung. Die Aussagen der Bibel wurden damit auf eine Ebene mit denen aller anderen religiösen Literatur gestellt.

Dazu kam eine neue Wertschätzung des Gefühls, nachdem früher die kritische Vernunft überbewertet worden war. Mit der Vorherrschaft des Gefühls wurde das Interesse an der Wahrheitsfrage gemindert. Der Mensch suchte etwas für seine emotionalen Defizite. Mit einigem Staunen erlebt man heute den Boom wabernder Religiosität, bei der im Namen der Toleranz alle Grenzen irgendwie verschwimmen: „Glauben wir nicht doch alle irgendwie dasselbe?"

Ich vermute, ich liege nicht wirklich im aktuellen Trend mit meinem Protest gegen diese Nebelschwaden-Religiosität. Ich bin für kräftigen Durchzug, frische Luft und klare Sicht, wie die Bibel sie auch für die Auseinandersetzung mit den Religionen liefert. Dabei habe ich keine Sorge um einen toleranten Dialog. Bei Muslimen habe ich jedenfalls immer dann Respekt gespürt, wenn ein Christ seinen Glauben mit Überzeugung lebt und klar vertritt. Nicht anders geht es im Gespräch mit Hindus und Buddhisten. Mit klaren Positionen ist gut ein respektvoller Dialog zu führen.

Darum will ich noch einmal auf einige kennzeichnende Unterschiede zwischen der biblischen Botschaft von Gottes Offenbarung in Jesus Christus und einigen Aspekten der genannten Religionen hinweisen.

Schöpfer und Geschöpf

Die Gemeinschaft mit Gott löscht das Ich des Menschen nicht aus. Im Gegenteil, der Mensch erhält in dieser Gemeinschaft die unverlierbare, ewige Personenwürde. Durch das Wort Gottes wird er zum Du, das Gott Antwort geben darf und im Vertrauen auf ihn und im Gehorsam gegenüber seinem Wort ein schöpferisches Leben in der Welt führen kann. Diese Gemeinschaft kann auch der Tod nicht auflösen. Im Gegenteil, die Gemeinschaft mit Gott wird nach dem Tod ohne Beeinträchtigung durch Sünde und Zweifel in Herrlichkeit entfaltet.

Als Antwort auf den Hinduismus macht das Evangelium von Jesus deutlich, dass Gott, der Schöpfer, und der Mensch als Geschöpf im Gegenüber bleiben. Sie sind zwar durch Gottes Liebe verbunden, aber sie bleiben unterschieden.

Die Religion und Philosophie des Hinduismus setzt ganz auf das geistige Einssein der Welt. Ziel ist die Erkenntnis des Einsseins aller Einzelexistenzen mit dem höchsten Sein. Weil im Grunde der Mensch mit dem höchsten Sein eins ist, muss er den Weg zur Überwindung aller vorläufigen Entzweiungen und Gegensätze auf entsagungsvollen Wegen selbst erkämpfen. Wer das nicht schafft, wird zu immer neuen Wiedergeburten verurteilt.

Jesus ist die Antwort Gottes auf die Sehnsucht der Menschen nach Ganzheit und Gemeinschaft mit Gott. Aber er ist zugleich die Kritik an den von Menschen erdachten Systemen und Wegen. Die Kreuzigung ist Gottes Gericht auch über die religiöse Selbstbehauptung des Menschen. Erst wenn wir selbst nichts mehr in Händen halten, was uns erlösen soll, dann werden wir mit dem Frieden Gottes beschenkt, der uns zu Kindern Gottes macht.

Gott oder Gottesbegriff?

Der Islam liefert dem suchenden Menschen einen widerspruchslosen Gottesbegriff. Gott ist einer. Mehr muss eigentlich nicht geglaubt werden. Mit diesem Gottesprinzip lässt sich letzten Endes alles in der Welt erklären. Kein Wunder, dass der moderne Mensch sich von diesem Gottesbegriff angezogen fühlt. Er befriedigt den intellektuellen Erklärungsbedarf. Erlösung gibt es dadurch, dass der Mensch sich bemüht, die Gesetze des Korans zu halten. Auch das kommt dem Streben des Menschen entgegen, selbst seine Erlösung schaffen zu wollen.

In Jesus sprengt Gott alle noch so schlüssigen Gottesbegriffe. Er offenbart sich im Gekreuzigten und Auferstandenen als der heilige und liebende Gott. Wir haben kein geschlossenes, widerspruchsfreies Gottesbild, mit dem wir gedanklich hantieren können. Viele Fragen bleiben schmerzlich offen. Obwohl uns Gott in seiner Offenbarung viele entscheidende Antworten gibt, bleiben Rätsel. Paulus steht anbetend davor: „O welch eine Tiefe des Reichtums, beides, der Weisheit und der Erkenntnis Gottes! Wie unbegreiflich sind seine Gerichte und unerforschlich seine Wege! Denn wer hat des Herrn Sinn erkannt, oder wer ist sein Ratgeber gewesen? Oder wer hat ihm etwas zuvor gegeben, dass Gott es ihm vergelten müsste? Denn von ihm und durch ihn und zu ihm sind alle Dinge. Ihm sei Ehre in Ewigkeit! Amen" (Römer 11,33–36).

Wir werden Antwort finden, wenn wir nach der Auferstehung in Gottes neuer Welt ihn erkennen, wie er ist. Gott aber ist uns in Jesus so nahegekommen, dass wir zu ihm Vater sagen dürfen. Er hat uns nicht nur ein Gesetz offenbart, sondern sein Herz gezeigt. Gott „will, dass allen Menschen geholfen werde (wörtlich: dass alle Menschen gerettet werden) und sie zur Erkenntnis der Wahrheit kommen. Denn es ist ein Gott und ein Mittler zwischen Gott und den Menschen, nämlich der Mensch Christus Jesus, der sich selbst gegeben hat für alle zur Erlösung" (1. Timotheus 2,4–6). Jesus ist Gottes erklärter Liebeswille an jeden von uns. Was wird unsere Antwort sein?

Glaube und Gewalt

Die Frage nach der Wahrheit oder Unwahrheit der Religion wird heute mit gewisser Nervosität diskutiert, weil islamische Fundamentalisten Gewalt anwenden. Die missionarischen Christen werden ebenfalls als Fundamentalisten bezeichnet und stehen unter dem Verdacht, dass sie auch zur Gewalt neigen. Die Geschichte des Christentums bietet leider in dieser Hinsicht ein erhebliches Konto von Schuld und Versagen.

Ist Gewalt immer ein Missbrauch und eine Fehlentwicklung von Religion, die an sich friedlich ist? Man hört häufig die Unterscheidung zwischen Islam und Islamismus. Der Islam sei friedlich, der gewalttätige Islamismus ein politischer Missbrauch des Islam. Ohne Zweifel gibt es viele Muslime, die keine Gewalt zur Durchsetzung ihres Glaubens anwenden wollen. Wie aber ist es zu beurteilen, dass Mohammed selber Krieg geführt hat? Sein Sieg in der Schlacht bei Badr im Jahr 624 gegen die Truppen von Mekka wird als wunderbare Hilfe Gottes angesehen. Die Ausbreitung des Islam im 7. Jahrhundert geschah mit militärischen Mitteln und nicht durch überzeugende Verkündigung und freie Entscheidung der Hörer.

Mohammed war von Anfang an in Medina politisches Oberhaupt und regierte mit Gesetzen, die wie in jedem Staat mit Zwang und Gewaltandrohung durchgesetzt wurden. Die Scharia soll auch heute nicht nur im Leben des Einzelnen, sondern im Staat durchgesetzt werden. Ist das Missbrauch und Fehlentwicklung oder ist das rechte Lehre des Islam? Darauf müssen wir eine Antwort erwarten, um dann zu fragen, wie wir ein friedliches Zusammenleben mit Muslimen in einer pluralistischen Demokratie organisieren wollen.

Was ist nun mit den Christen? In der Vergangenheit haben sie sich zur Rechtfertigung der Gewaltanwendung oft genug auf das Alte Testament berufen. Kaiser Karl der Große hat sich wie König David verstanden. Also können Zwang und Gewalt mit der Bibel legitimiert werden?

Das darf nicht mehr geschehen, nachdem Jesus Christus gekommen ist. Das Alte Testament dürfen wir als Christen nur durch die Person Jesus Christus lesen und deuten. Jesus erfüllt das vorläufige Gesetz, wie es im Alten Testament dokumentiert ist, indem er es auf Gottes eigentlichen Schöpferwillen zuspitzt. Wir lesen diese Veränderung in den sogenannten Antithesen der Bergpredigt (Matthäus 5,17-48). Das Tötungsverbot radikalisiert er zum Verbot der Hassgedanken, der bösen Worte, der Unversöhnlichkeit und zum Gebot der Versöhnung (Matthäus 5,21-26). Gleichermaßen radikalisiert er die alttestamentlichen Gebote zur Ehe und zum Reden der Wahrheit.

Vom Vergelten sagt Jesus: „Ihr habt gehört, dass gesagt ist (2. Mose 21,24): ‚Auge um Auge, Zahn um Zahn.‘ Ich aber sage euch, dass ihr nicht widerstreben sollt dem Übel, sondern: wenn dich jemand auf deine rechte Backe schlägt, dem biete die andere auch dar. Und wenn jemand mit dir rechten will und dir deinen Rock nehmen, dem lass auch den Mantel. Und wenn dich jemand nötigt, eine Meile mitzugehen, so geh mit ihm zwei. Gib dem, der dich bittet, und wende dich nicht ab von dem, der etwas von dir borgen will." (Matthäus 5,38-42)

Von der Feindesliebe sagt Jesus: „Ihr habt gehört, dass gesagt ist: ‚Du sollst deinen Nächsten lieben (3. Mose 19,18) und deinen Feind hassen. Ich aber sage euch: Liebt eure Feinde und bittet für die, die euch verfolgen, damit ihr Kinder seid eures Vaters im Himmel. Denn er lässt seine Sonne aufgehen über Böse und Gute und lässt regnen über Gerechte und Ungerechte. Denn wenn ihr liebt, die euch lieben, was werdet ihr für Lohn haben? Tun nicht dasselbe auch die Zöllner? Und wenn ihr nur zu euren Brüdern freundlich seid, was tut ihr Besonderes? Tun nicht dasselbe auch die Heiden? Darum sollt ihr vollkommen sein, wie euer Vater im Himmel vollkommen ist." (Matthäus 5,43-48)

Wer zur Durchsetzung oder zur Verteidigung des christlichen Glaubens Zwang und Gewalt einsetzen will, verrät Jesus Christus. Das ist leider in der Vergangenheit oft geschehen. Und ich fürchte, es gibt auch Christen, die das heute befürworten. Das ist ein offensichtlicher Missbrauch der Bibel.

Das Volk Gottes im Neuen Bund durch Jesus Christus ist nicht mehr als Volk gegen andere Völker politisch und geographisch abgegrenzt. Christen können grundsätzlich nicht mehr andere Menschen als Feinde bekämpfen. Im Namen von Jesus Christus darf niemand Krieg führen oder Gewalt anwenden. Selbst Feinde der Christen sind Menschen, für die Jesus Christus am Kreuz gestorben ist. Es kann nur noch einen Kampf der Liebe – wenn nötig der Feindesliebe – um die Menschen geben. Und der muss mit den Waffen der Liebe und des Wortes gekämpft werden. Das Martyrium hat Jesus als den normalen Weg der Christen in seiner Nachfolge angekündigt. Und das Martyrium war und ist offenkundig der wirksamste Weg zum Sieg der Liebe.

Es bleibt zugleich wahr, dass Gott seinen Bund mit dem Volk Israel nicht gekündigt hat. Wir lesen davon im Römerbrief (9–11). Was das für den Staat Israel bedeutet, ist ein großes und komplexes Thema, das im Rahmen dieses Buches nicht mehr behandelt werden kann.

Eine andere Frage ist die nach der Rolle des Staates aus biblischer Sicht. Staatlichkeit, staatliche Ordnung – ohne Festlegung auf eine bestimmte Staatsform – hat nach der Bibel die Aufgabe, die Gerechtigkeit zu fördern und das Unrecht einzudämmen (Römer 13,1-7; 1. Petrus 2,13-17). Dazu hat er das Recht zur Androhung und zum Gebrauch von Zwang und Gewalt (Gesetze, Polizei, Gerichte, Strafen, Gefängnisse, Militär). Wir reden vom Gewaltmonopol des Staates, durch das der gewalttätige Krieg aller gegen alle vermieden werden soll. Willkür und Missbrauch von Gewalt durch den Staat sind damit biblisch nicht gerechtfertigt. Staatliche Ordnung muss biblisch als eine Notordnung angesehen werden, die für eine von der Sünde gekennzeichnete Welt bis zum Ende der Geschichte in der Auferweckung der Toten und im Gericht Gottes gilt. Sie dient der Erhaltung der Welt, indem Dämme gegen das Böse unter Verwendung von Mitteln, die nicht dem ursprünglichen Willen des Schöpfers entsprechen, gebaut werden.

Die Einladung steht

Jesus stiftet nicht nur Gemeinschaft mit dem Vater. Er fügt uns auch in eine Lebensgemeinschaft mit Schwestern und Brüdern ein. In dieser Gemeinschaft erfahren wir Ergänzung und Stärkung. Sie verpflichtet uns, aber sie gibt uns auch die freie Luft zum Atmen, sie drängt uns nicht in eine kollektive Zwangsjacke. Die Gemeinschaft der Jesus-Nachfolger ist auch der Raum, in dem Fragen und Zweifel ihre klärende Antwort finden können. Jesus hat versprochen, dass er als der Lebendige gegenwärtig sein will, wo zwei oder drei sich in seinem Namen versammeln (vgl. Matthäus 18,20).

Auch die Fragen, die in diesem Buch erörtert wurden, müssen nicht in frustrierender Isolation bedacht werden. Die Gemeinschaft der Christen gibt Gelegenheit zu gemeinsamem Nachdenken, das auf das alltägliche Leben bezogen ist. Nicht nur Gedanken, sondern erfahrbares Leben dürfen wir miteinander teilen. Gelebte Gemeinschaft der Christen kann eine Kostprobe der gnädigen Gegenwart Gottes in Jesus Christus sein. Die Einladung steht!

Rolf Scheffbuch

Ich will keine Wetterfahne sein!

Pb., 13,5 x 20,5 cm, 160 S., Nr. 394.165,
ISBN 978-3-7751-4165-9

Wie können wir als Christen im Nebel der Beliebigkeit klare Konturen zeigen?

Der ehemalige württembergische Prälat Rolf Scheffbuch ermutigt Mitchristen, gegen den Strom zu schwimmen. Denn Kirchenleitungen, Synoden und Bischöfe repräsentieren eine pluralistisch gewordene Christenheit. Sie werden dem schleichenden Ausverkauf des christlichen Glaubens nicht Einhalt gebieten. Auf ihr „Basta!" zu hoffen, ist Utopie.

Neues Leben und neue Gewissheiten gehen von einzelnen Menschen aus. Von Menschen, die keine Wetterfahnen sind, die jeden neuen Luftzug anzeigen. Gott verändert Denken und Wollen der Menschen. So können Christen ursprüngliches Glauben und Hoffen wiedergewinnen.

*Bitte fragen Sie in Ihrer Buchhandlung nach diesem Buch!
Oder schreiben Sie an: Hänssler Verlag GmbH & Co. KG,
D-71087 Holzgerlingen.*

Theo Lehmann

Mit Theo Lehmann im Gespräch

Hc., 11 x 17 cm, 96 S., Nr. 394.653,
ISBN 978-3-7751-4653-1

„Wer Gott folgt, riskiert seine Träume…" ist nur eines der Lieder, die
den Lebensweg von Theo Lehmann charakterisieren. Im Gespräch
mit Friedrich Hänssler erzählt er aus seinem bewegten Leben.

Der Leser erfährt unter anderem, wie dieser und andere Liedtexte
entstanden sind. Oder wie Gott den unbequemen Pfarrer vor der
Stasi bewahrt hat, wie die folgenreichen Jugendgottesdienste entstanden sind und vieles mehr.

Eine spannende Reise in die Zeit der DDR und ein Ausblick für das
geeinte Deutschland.

Bitte fragen Sie in Ihrer Buchhandlung nach diesem Buch!
Oder schreiben Sie an: Hänssler Verlag GmbH & Co. KG,
D-71087 Holzgerlingen.